다정한 철학자의
미술관 이용법

알고 보면 가깝고, 가까울수록 즐거운
그림 속 철학 이야기

다정한 철학자의
미술관 이용법

이진민 지음

한겨레출판

같은 동네에서 십 대를 함께 보내고 이십 대에 미국에서 다시 만난 친구가 배꽃처럼 하얗게 웃으면서 말하더군요.

"나는 미술관 가는 게 취미야. 그림 보는 게 너무 좋아."

그 말을 들었을 때 살짝 당황스러웠습니다. 친했던 친구가 미지의 세계로 떠나버린 것 같은 느낌이 들었거든요. 나는 미술을 하나도 모르는 게 아니라 0.1도 모르는데 저 친구는 언제 저렇게 교양미 넘치는 아가씨가 된 거지. 에라 모르겠다. 나는 살던 대로 술이나 마셔야겠다.

그런데 알고 보니 미술관은 미술을 0.001도 모르고 가도 즐거운 곳이었습니다. 교양 따위 없어도 상관없는 곳이었고요. 내가 이걸 이렇게 느끼고 싶다는데 그게 틀렸다고 지적할 사람은 아무도 없었거든요. 그렇게 저는 거의 삼십 대에 들어서야 그림 보는 즐거움을 알게 됐고 십

5

대의 제가 떡볶이집 드나들듯, 이십 대의 제가 술집 드나들듯, 그렇게 미술관을 드나들기 시작했습니다. 모든 걸 마음대로 해석하며 갤러리 안을 휘젓고 다니기 시작했죠. 그러다 보니 캔버스 곳곳에서 철학자 할머니 할아버지들이 저를 빼꼼히 쳐다보며 말을 걸기 시작했습니다. 너, 이 그림 보면 내가 생각나지 않니? 이 책은 그렇게 시작되었습니다.

　철학과 미술의 공통점은 무엇일까요. 바로 사람을 생각하게 한다는 것입니다. 미술 작품들이 우리를 생각하게 한다고? 미술은 언어 예술이 아닌 시각 예술이라서 우리에게 '생각'보다는 '느낌'으로 다가올 것 같죠. 하지만 사실 우리는 미술을 볼 때 생각에 잠깁니다. 작가는 왜 이런 그림을 그렸을까. 이 그림으로 무슨 이야기를 하고 싶었던 걸까. 제목을 보고, 작품을 다시 보고, 찬찬히 고개를 끄덕입니다. 작품을 눈에 담는 순간 우리 머릿속에서는 엄청난 이야기가 뻗어나갑니다. 그렇게 우리는 미술관에서 생각을 합니다. 철학자의 잠언을 곱씹으면서 생각에 잠기듯 미술가의 그림을 바라보며 생각에 잠깁니다. 그림은 대체로 침묵하고 있기 때문에 정말 좋은 생각의 도구가 됩니다. 그림 한 장으로 우리는 머릿속에서 우주 하나를 만들어낼 수 있습니다. 그래서 그림을 해석하는 순간 누구나 철학자가 됩니다. 이렇게 철학과 미술은 정답을 강요하지 않으면서 사람을 사유하게 만드는 데 그 아름다운 공통점이 있습니다.

　우리가 철학을 어려워하는 이유는 논의가 주로 눈에 보이지 않는 차원에서 이루어지기 때문입니다. 철학은 모호하게 느껴지는 개념들을 벽돌 삼아 쌓아가는 논리의 성입니다. 벽돌 자체도 쥐기 어려운데 그걸 가지고 엄청난 성을 쌓아놓았죠. 우린 대체로 그 성에 들어가기가 싫습니다. 긴 글보다는 짧은 동영상이 우리의 이해를 직관적으로 돕는 시대. 쉽사리 손에 잡히지 않는 개념으로 큰 건물을 지으려고 하다 보니, 소주 반병을 콸콸 들이켜도 없던 두통이 철학책을 펼치면 우리에게 슬금슬금 다가오는 거죠. 사실 알고 보면 그렇게까지 어려운 얘기가 아닌데 소통 방식에서 크게 감점을 당하는 게 철학입니다.

그런데 미술이라는 눈에 보이는 스위치를 통해 우리가 머릿속에서 철학적인 집 하나를 지어낼 수 있다면 어떨까요. 그 스위치로 인해 집 짓기가 좀 더 쉽고 재밌어지지 않을까요? 회색으로 느껴지는 철학에 온갖 색이 반짝이는 미술이 겹쳐지면 철학이 좀 더 생생하게 다가오지 않을까요? 그간 늘 철학을 말랑말랑한 일상의 언어로 풀어내는 일에 관심이 있었습니다. 미술과 철학, 이 둘을 연결할 수 있다면 철학자들이 내놓은 개념들이 좀 더 쉽고 재미있게 우리 마음 안으로 들어올 수 있지 않을까 생각했습니다.

이 책에 담긴 이야기들이 결코 정답은 아닙니다. 어떤 그림에 어떤 철학적 해석을 정답처럼 붙여버리는 것은 제 의도와는 정반대되는 일이에요. 제가 하려는 것은 놀이입니다. 시각을 통해 생각하는 놀이. 미술을 도구 삼아 생각하는 놀이. 그림으로 철학을 맛보는 놀이. 미술사적 논의나 배경의 진위 여부와 관계없이, 그저 미술작품들을 철학적으로 느끼고 생각해보는 놀이를 하고 싶었습니다. 그 놀이가 많은 사람들에게 미술과 철학 양쪽 모두를 편히 느끼게 하고 사유의 근육을 튼튼하게 키워줄 수 있다면 얼마나 좋을까, 그런 마음에서 편하게 저 스스로도 놀이처럼 시작한 글입니다. 정답 사회인 한국 사회에서, 정답을 찾겠다는 강박 없이 내 생각을 자유롭게 이리저리 펼쳐보는 건 굉장히 재미있고 즐거운 일이라는 메시지도 꼭 덧붙이고 싶었고요.

이를테면 이런 작업입니다. 정의의 여신상은 왜 눈을 가리고 있을까? 편견 없는 판결을 내리기 위해 눈을 가린 정의의 여신과, 정의로운 제도를 만들기 위해 모든 정보를 차단하는 무지의 베일을 뒤집어쓴 인간들. 둘 사이에 연결고리가 있다는 생각이 들어, 눈을 가린 정의의 여신상을 감상하면서 롤스의 '무지의 베일'을 소개하면 재미있지 않을까 싶었습니다. 예쁜 유리병 그림을 보면서 공자님 말씀을 떠올려 보는 건 어떨까? 군자는 편협하지 않은 인물이어야 하기에 그릇이 아니라는데, 세상 만물을 가리지 않고 한 조각 담아내는 유리병을 본다면 공자님은 어떻게 생각하실까. 앞으로 이어질 여러 편의 글은 이렇게 조금은 난해할 수 있는 철학적 개념을 좀 더 쉽게 머릿속에서 재생시킬 수 있는 스위치 같은 예술 작품을 골라서, 눈으로 보면서 생각해보는 놀이입니다. 즉 미술에 철학을 올려놓고 싸 먹는 쌈이 될 겁니다. 맛있었으면 좋겠는데 맛이 없을까 봐 걱정입니다.

실은 《다정한 철학자의 미술관 이용법》이라는 제목을 붙이는 일이 부끄러웠습니다. 스스로를 철학자라고 부르기가 부끄러웠기 때문에. 하지만 우리는 어떤 의미에서 모두가 철학자입니다. 많은 사람들이 미술을 대하면서, 혹은 삶을 살아가면서 즐거운 철학자가 되기를 바라는 마음에서 부끄러움을 다소 덜어내고 이 제목을 붙였습니다. 아직까지도 많은 부분에서 우리 사회는 정답을 찾아야 한다는 강박에 매여 있습니다. 정해진 답을 기를 쓰고 찾기보다는 스스로 좋은 질문을 던지는 철학자로, 또 답이 될 수 있는 선택지를 획기적으로 늘려내는 철학자로 사는 사람들이 많아지면 좋겠습니다.

이 책은 사실 학생 때부터 가장 쓰고 싶었던 것으로, 마음속에 아주 오래 묵혀뒀던 아이디어들입니다. 미술도 철학도 어렵다고 생각해서 살짝 도망치고 싶은 분들께 수줍게 권하고 싶습니다.

저도 노는 겁니다. 같이 놀아요.

2021년 9월
이진민 드림

차례

들어가는 말 ... 5

1.
천지창조를
바라보는
발칙한 시선 ... 13

니체는 왜
신이 죽었다고 말했나

2.
투명한 유리병에서
인간의 품성을
찾다 ... 31

공자와 베버에게
보여주고 싶은 그림

3.
기묘한 균형으로
쌓여 있는
책 구경 ... 51

너도 옳고 나도 옳을 때
우리는 어떻게 공존할까

4.
빨간 사과에 대한
서로 다른
욕망 ... 71

인간은 왜
사회와 국가를 만드는가

5.
공작새와
오리의 서열은
누가 정하나 ... 89

허영심과 불평등,
그리고 법률

6.
가로등과 매화가
달빛을 대하는
방식 ... 111

아름다움의 속도를
철학하다

7.
왜 클림트는
혹평에 시달렸을까 ... 131

정의를 위한
불의의 그림

8.
정의는 왜
여신이 담당하는가 ... 151

양날의 칼을
쥔 자의 책임

9.
여신의 눈을
가려야 하나
말아야 하나 ... 167

정의로운 눈 뜨기와
공정한 눈 감기

10.
가면 쓴 사람들의
슬픔과 기쁨 ... 189

집단의 광기와
개인의 자유

11.
나는 '나'를
어떻게
생각하는가 ... 211

신과 죽음,
그리고 전쟁 속에서 발견한 개인

12.
소녀들의 눈을
멀게 한 카펫 ... 251

태피스트리 작품들과
나이키 공장의 아이들

13.
공이 굴러간 곳에서
니체를
다시 만나다 ... 273

그늘 속 어른과
빛 속의 어린아이

감사의 말 ... 289

1.

천지창조를
바라보는
발칙한 시선

**니체는 왜
신이 죽었다고
말했나**

이 그림은 곁에 두고 철학적 영감을 좀 얻어볼까 싶어서 내가 방에 걸어뒀던 첫 번째 그림이다. 학교에서 포스터 세일을 하기에 한참을 뒤적이다 이 그림을 집어 들었다. 아담과 신의 손가락이 서로 만나는 부분이 크게 확대된, 미켈란젤로Michelangelo Buonarroti의 천장화 〈천지창조〉 중 '아담의 창조' 일부분을 잘라 인쇄한 포스터였다.

신과 인간의 만남은 철학적으로 굉장히 중요한 사건이다. 전지전능하며 무한한 존재인 신. 그에 반해 능력도 존재 자체도 유한한 인간. 신에 대한 사유는 늘 인간을 사유하는 데 깊이를 더해주었고, 신과 인간의 만남이 어떤 곡선을 그리는가에 따라 서양문화권에서는 역사를 큰 덩어리로 잘라 나누었다. 고대, 중세, 르네상스, 근대와 그 이후. 그 구분은 철학에도 반영되어 서양철학도 신과 인간의 구불구불한 관계 곡

미켈란젤로, <천지창조> 중 '아담의 창조'(부분), 1512

선에 따라 시대가 구분되곤 했다. 당시 박사과정 공부를 막 시작했던 나는 이 두 손가락이 맞닿는 순간을 가까이 두고 신과 인간의 만남에서 뭔가 철학적인 영감을 얻고 싶었다. 영감님, 오십시오.

| **어 느 쪽 이 신 이 고 어 느 쪽 이 인 간 인 가** |

"그게 뭐야?"

거실 소파에 앉아 있던 기숙사 룸메이트들이, 내가 보물지도라도 되는 양 행복한 얼굴로 손에 들고 들어오는 포스터를 궁금해했다. T는 그림을 보자마자 나에게 크리스천이냐고 물었다. 아니, 그건 아닌데 영감님이 필요해서. F는 그 그림을 처음 본다고 했다. "폰 홈Phone Home!"

을 외치던 이티 생각이 난다고 했다.■ '이런 불경한 것…'이라고 답해주고 싶었지만 불경하다는 뜻의 영어 단어가 영 생각나지 않았다. 이건 외계인 손가락이 아니라 신과 아담의 손가락이라고 말하는 나에게 그럼 어느 쪽이 신이냐는 물음이 무심하게 날아왔다. 그 질문을 대수롭지 않게 여기고, 이건 큰 그림의 일부분인데 아마 전체적인 그림을 본 적이 있을 거라며 검색해서 보여주었다. 그림을 본 F는 아 이거 나도 알아! 하면서 입에 감자칩을 쑤셔 넣었다.

방에 돌아와 그림을 벽에 붙여두고 물끄러미 보고 있으려니 어라, 아까 그 질문은 예사 질문이 아니었다. 지금 이 책을 읽는 분들도 한번 생각해보시길. 어느 쪽이 신의 손 같고 어느 쪽이 아담, 즉 인간의 손 같은지.

두 손을 찬찬히 살펴보자. 왼쪽은 손에 부드럽게 힘이 빠져 손목이 여유롭게 꺾여 있다. 힘을 빼고 그저 팔을 가볍게 들어 올린 느낌이다. 반면 오른쪽 손에서는 상대의 손끝에 가 닿고자 하는 강렬한 의지가 느껴진다. 손목에도, 검지 끝에도 빳빳하게 힘이 들어가 있다. 부드럽게 받아들이는 손끝과 상대 쪽으로 향하고자 하는 열의가 가득한 손끝. 어느 쪽이 인간이고 어느 쪽이 신일까? 부드럽게 받아들이고 포용하는 여유가 엿보이는 쪽이 신, 그리고 절대자에게 가 닿으려는 열망이 가득

■ 사실 인간 아이와 외계인이 손가락을 맞대는 영화 <이티>의 유명한 장면은 이 그림에서 모티브를 딴 게 맞다. 영화 안팎으로 천지창조에 버금가는 의미를 가지는 순간이기도 하다.

미켈란젤로, <천지창조> 중 '아담의 창조', 1512

한 쪽이 인간 아닐까?

아니다. 왼쪽이 인간이고 오른쪽이 신이다. 전체적인 그림을 보면 아담은 야트막한 둔덕에 비스듬히 편안하게 누운 자세로 신을 향해 가볍게 손을 뻗고 있다. 우측의 힘 있는 손가락의 주인공이 바로 신인데 천사들에게 둘러싸여 있다. 신의 수염과 옷, 천사들이 걸친 천이 나부끼는 방향으로 보아 아담 쪽으로 날아가고 있는 것 같다. 아담이 얼굴에 엷은 미소를 짓고 있는 데 반해 신의 표정은 자못 진지하고 근엄하다. 통상적으로 우리가 생각하는 모습, 즉 신에게 가 닿으려고 간절히 염원하는 인간과 그를 부드럽게 포용하는 신의 모습이 아니다. 아무리 보아도 유유자적한 쪽은 아담이고 의지와 열망이 강하게 느껴지는 쪽은 신이다. 아담의 저 여유로운 자세는 사방침 위에다 한 팔을 걸치고 보료 위에 느긋하게 누운 조선시대 양반님네들의 자세와 비슷하다. 아담의 오른손에 곰방대를 스윽 꽂아주면 딱일 것 같지 않은가. 여유롭고, 누구에게 꿀릴 것 없는 자세. 경외하는 신 앞에 자리한 인간의 자세치고는 좀 건방져 보이기도 한다. 미켈란젤로는 신과 그가 창조한 첫 번째 인간이 만나는 순간을 왜 이렇게 표현했을까?

| 천지창조를 바라보는 두 가지 해석 |

내 머릿속에는 굉장히 상반된 두 가지 해석이 뻗는다. 하나는 신의 권위를 오롯이 인정하는 해석이다. 신에 의해 창조된 인간은 어린아이 같은 존재, 그저 무지하고 유순한 한 마리 동물 같은 존재가 아닐까. 순수한 표정에 다소 건방져 보이는 저 편안한 자세는 그가 아무것도 모르는 존재, 신이 그림을 그리기 전의 빈 캔버스 같은 존재이기 때문에 가능한 것이다. 그리고 이렇게 갓 태어난 아기 같고 한 마리 동물 같은 인간에게 신은 애써 날아가 이성과 지성, 도덕 감정a sense of morality 같은 고귀한 것들을 부여하려고 한다. 인간을 동물보다 한 차원 높은 존재로 만들어주고자 손끝에 힘을 주는 열의를 보이고 있는 것이다. 이런 해석으로 그림을 보자면 신에게 고마운 마음이 든다. 마치 부모님 같은 신의 사랑과 희생에, 감사의 마음이 몽글몽글 우러나는 느낌.

이런 방향의 해석이 미술사적으로는 널리 통용되는 해석인 듯하다. 아담은 아직 생명의 숨결을 부여받기 전의 껍데기에 불과한 상태로, 스스로 몸을 지탱할 에너지가 없어 늘어져 있다고 보는 것이다. 무릎에 팔을 걸쳐두고 있는 것 역시 건방져서가 아니라 힘이 없어서 기대고 있는 것일 뿐이다. 신의 뒤로는 마치 커튼처럼 동그랗게 오므려진 천이 보이는데 인간의 뇌와 비슷한 모양이고, 아래쪽으로 흩날리는 천까지 더해지면 동맥과 정맥이 연결된 심장의 형상이 된다. 신이 인간의 형상을 만들어두고 거기에 뇌와 심장을 부여하려는, 즉 스스로 차갑게 생각할 수 있는 머리와 따뜻하게 피가 뛰는 가슴을 주려는 장면인 것이다. 게다가 신의 왼팔에는 이브가 안겨 있고, 아담과 이브는 이미 서로 은근히 눈이 맞았다. 뇌와 심장과 짝꿍, 엄청난 선물 3종 세트를 주시려는 자애로운 신인 것이다.

하지만 이와 반대되는 발칙한 해석도 가능하다. '여유로운 인간, 받아들이는 인간' 대 '애쓰는 신, 찾아가는 신'의 대비를 좀 더 극한으로 끌고 가면 '인간 세상에서 신의 존재란 어디까지나 인간들이 만들고 인정함으로써 가능한 것'이라는 지극히 인간 중심적인 사고가 된다. 이런 사고에 따르면 신은 인간의 발명품이다. 인간의 상상과 염원이 만들어낸 관념에 불과한 것이다. 인간은 오래전부터 커다란 돌이며 오래된 나무며 힘센 곰 같은 것들을 경외하여 그들에게 주술적 힘이 있다고 믿었고, 그런 믿음이 좀 더 세련되게 구체화된 것이 고대 신화이며, 현재 기독교에서 말하는 절대자로서의 유일신 역시 어떤 의미에서는 인간의 이성과 지성의 산물이라는 사고다. 말하자면 나의 존재를 인정해달라며 애써 인간을 찾아와 손가락에 힘을 주어 팔을 뻗는 신인 것이다. 이런 해석 안에서 신의 권위는, 시상식에 참석하기 위해 낡고 초라한 자신의 옷 위에 화려한 외투를 빌려 걸친 배우처럼 멋쩍고 군색하다.

철학자들 중에는 무신론자로 알려졌거나 무신론자라는 의혹을 받았던 이들이 많다. 소크라테스Socrates는 신을 믿지 않고 젊은이들을 타락시켰다는 죄목으로 기소당해 결국 독배를 마시고 죽는다. 홉스 Thomas Hobbes는 당대부터 무신론자라는 의혹을 받았고 수 세기가 지난 지금까지도 논쟁의 대상이 되고 있다. 그도 그럴 것이 홉스는 종교의 본질을 밝음이 아닌 어두움으로 설명한다. 고귀하고 긍정적인 개념이 아니라 '보이지 않는 힘에 대한 두려움', '인간의 상상력이 만들어낸 공포' 같은 부정적인 말로 종교를 설명한 것이다. 게다가 종교와 미신의 차이에 대해 딱 두 단어, "publicly allowed(공공연히 인정된 것인가)"로 가뿐하게 답해버린다. 종교든 미신이든 그 본질은 같지만 다수가 공적으로 인정하면 종교, 그렇지 않으면 미신이라는 건데 참 어마어마한 얘기다. 거칠게 말하자면 기독교와 무속 신앙이 본질적으로는 다를 게 없는데, 시쳇말로 '쪽수가 많아서' 종교라는 얘기다. 그러니 당대의 교계에서 얼마나 기가 찼을 것인가. 볼테르Voltaire도 이런 발칙한 해석에 슬쩍 한몫 거든다. 볼테르는 만약 신이 존재하지 않았다면 우리는 신을 발명했을 것이라고 했다. 해당 구절이 들어간 글의 전체적 내용은 오히려 '자연을 통해 우리는 신이 존재한다는 사실을 알 수 있다'는 내용이지만, 신을 발명한다는 발상 자체가 갖는 폭발력 때문에 볼테르 주변도 시끄러웠다. 신으로 상징되는 종교 세력이 가진 독선과 아집을 겨냥한 것임에도, 사람들은 달을 보기보다는 그 달을 가리키는 손가락을 보았던 것이다.

사실 이들이 정말 신을 믿었는지 아닌지가 중요한 것이 아니라, 신으로 상징되는 기존의 권위에 도전하고 그 시스템을 흔드는 질문을 던졌다는 사실이 중요하다. 종교라는 것은 한 사회가 가진 모든 도덕관념의 결합체이고, 제정일치 쪽에 가까운 역사일수록 그 안에 사회적 권위가 내밀하게 얽혀 있다. 그러므로 신에 대한 도전은 곧 그 사회 시스템 자체에 대한 도전이다. 따라서 늘 "이게 최선입니까?"를 외치며 쓰라린 질문을 던지는 게 사명인 철학자들이 신이나 종교와 불편한 관계에 놓이는 것은 어찌 보면 예정된 수순이요, 뻔한 결말이다. 그런데 그

1. 천지창조를 바라보는 발칙한 시선

가운데서도 단연 돋보이는 인물이 있다. '신에게 도전하기' 종목이 있다면 그 어떤 철학자든 제치고 당당히 금메달을 차지할 이 분야의 최고봉이 있었으니 그가 바로 "신은 죽었다"라는 선언으로 잘 알려진 니체 Friedrich Wilhelm Nietzsche 다.

철학을 공부하면서 크리스천이 아닌 것에 늘 감사한다. 크리스천으로서는 견디기 힘들 법한 내용들이 지뢰처럼 들어 있는 게 서양철학인데, 그중 전투력 '만렙'인 최고 전사가 니체다. 나는 읽는 사람을 후려 패는 듯한 니체의 글을 참 좋아하는데 니체가 특히 열과 성을 다해 두들겨 패는 것이 바로 기독교와 크리스천이다. 책 속에서 망치를 들고 뛰어다니는 느낌이랄까. 니체 세미나 시간이 되면 나는 마음을 콩닥거리며 독실한 친구들의 안색이 혹시나 고려청자 빛으로 변하는 건 아닌지 살피곤 했다.

| 니체는 왜 신이 죽었다고 선언했는가 |

니체는 《도덕의 계보》에서 지난 이천여 년간의 서양철학을 단번에 깔아뭉개는 야심 찬 프로젝트를 진행한다.[*] 이 프로젝트에서 특히 주목할 개념은 '주인 도덕과 노예 도덕master-slave morality' 그리고 그 사이

■ 그러므로 니체는 근대철학에서 현대철학으로 넘어가는 분기점을 만드는 굉장히 중요한 인물이다.

에서 일어나는 '가치 전복transvaluation'이다. '아이고 어지럽다. 노예도 없는 이 세상에 무슨 주인과 노예냐, 전복구이나 먹으며 인생을 즐기자'라고 말씀하실 분이 있다면 니체 철학의 핵심을 아주 희한한 방식으로 꿰뚫는 분이다. 니체는 아마 염화미소와 함께 당신의 손을 덥석 잡을지도 모른다.

단어가 낯설어 그렇지 그다지 어려운 얘기는 아니니 살금살금 함께 가보시길 권한다. 우선 주인과 노예는 역사 속 진짜 계급을 말하는 것이 아니고 그런 정신의 소유자들을 말한다. 즉 주인은 '내 삶의 주인'이란 의미에 가깝고, 노예는 반대로 찌질하고 낮은 정신의 소유자 정도로 생각하면 된다. 이 점에 유의하며 그들의 도덕을 간단하게 살펴보자.

우선 주인들의 도덕은 좋음Gut, good과 나쁨Schlecht, bad이라는 두 가지 요소로 구성된다. 그들의 도덕은 단순히 '좋은 것'에서 시작한다. 왜 좋은지 머리를 싸매고 생각하지 않아도, 그냥 좋은 게 드러나는 그 자체가 니체가 말하는 좋음이다. 건강하고, 긍정적으로 흘러넘치는 가치다. '나쁜 것'의 정의 역시 그저 단순하게, '좋은 것'의 반대다. 개인적으로는 나쁘기보다 '싫은 것'에 가깝지 않나 싶은 개념이다.

반면 노예들의 도덕은 좋음과 나쁨이 아니라 선Gut, good과 악Böse, evil으로 구성된다. 노예들은 주인 도덕의 '좋음과 나쁨'이라는 가치를 전복시켜놓았다. 가치를 전복했다는 것이 무슨 소리냐고? 뛰어난 게 별로 없는 노예들은 고달픈 삶 속에서 위안을 찾을 방법을 모색하는데, 그 방법이 바로 가치의 전복이다. 나의 약함이 못난 게 아니라 사실은

1. 천지창조를 바라보는 발칙한 시선

성스럽고 귀한 것이며, 참고 순종하며 견디는 것은 억압이 아니라 진정한 자유라는 식의 생각을 말한다. 즉, 노예 도덕은 주인 도덕의 '좋은 것'을 가져와 이걸 '악한 것'으로 싹 바꾼다. 건방지고 무모하다면서 주인들의 자신감이나 찬란한 자기 긍정에 '악'의 굴레를 씌우고, 대신 인내심, 겸손과 겸허, 고난을 참고 견디는 능력 같은 것을 좋은 것, 더 나아가 '선한 것'으로 내세운다. 좋은 것의 가치가 이렇게 신발짝 뒤집히듯 딱 전복되었기에 '가치 전복'이라는 용어를 쓴다. 가치 전도라는 용어를 쓰기도 하는데, 전복이라는 용어에 더 주체의 의지가 담긴 데다 밥상 뒤집는 듯한 강렬한 패기가 있으므로 나는 이 용어를 선호한다. 아주 쉽게 말하면 가치 전복은 소위 말하는 '정신 승리'에 가깝다. 포도나무 밑에서 미친 듯이 점프하다가 포기하면서 '내가 점프를 못해서 그런 게 아니고 그냥 저 포도가 시어서 안 먹는 거야' 하고 생각하는 여우 같은.

주인들의 경우에는 좋음이라는 것이 우선 존재하고, 거기에서 나쁨이 정의되는 순서다. 하지만 노예들은 반대다. 내가 느끼는 좋은 것에서 시작해 뭔가가 정의되는 게 아니라, 상대에 대한 부정을 통해 자신들의 가치를 만들어낸다. 나의 정의가 나로부터 오는 것이 아니라 상대로부터, 즉 외부로부터 파생되어 왔다는 점에서 자율적이지 못하고 그래서 노예다.

참고로 니체의《이 사람을 보라》목차를 넘겨보는 독자들은 예외 없이 빵 터지는 경험을 하게 된다. '나는 왜 이렇게 현명한가', '나는 왜 이렇게 똑똑한가', '나는 왜 이렇게 훌륭한 책을 쓰는가' 같은 문장들이 각 챕터의 소제목으로 붙어 있기 때문이다. 그야말로 주인 도덕의 전형적 문장들이다. 나는 철학자 중에서 이렇게 자기애가 넘치고 자기 자랑을 성실하게 하는 사람을 본 적이 없다. 어디선가 2NE1의 〈내가 제일 잘 나가〉가 배경음악으로 들리는 듯한 이 귀여운 제목들을 보고, 나는 니체가 정말 사랑스러워졌었다.

그런데 주인과 노예들의 이 '티키타카' 속에서 신은 도대체 왜 사망하는 거냐고? 니체가 보기에 이런 '노예 도덕의 가치 전복'에 대한 핵심적 사례가 바로 기독교이기 때문이다. 니체에 따르면 기독교는 집단 최면을 통해 빛나는 내세를 만들어둔 대신에 우리가 사는 현실을 시궁창으로 바꿔두었다. 그 안에서 자기 자신을 끝없이 학대(원죄의식이라든가 금욕주의)하면서 이것이 바로 선이며 자유라는 착각 속에 빠져 있다는 것이다. 니체는 그간 인간 이성이 쌓아온 자유의지라는 것은 사실 이런 허위의식을 내가 스스로 선택했다는 착각이며 그것은 자학에 불과하다고 일갈한다. 이쯤 이르면 펀치가 너무 아파서 불교 집안에서 자란 나의 안색마저 조선백자 빛으로 바뀔 지경이다.

니체는 그 넘치는 전투력으로 저작을 참 많이도 남겼는데 그중 《차라투스트라는 이렇게 말했다》라는 소설이 있다. 그 속에 '영원회귀 Ewige Wiederkunft, eternal return'라는 게 등장한다. 우리는 우리의 인생이 잘 짜인 인과의 사슬이라고 생각하며 잘 참고 견디면 내세에는 어떤 보상이 있을 거라고 생각하지만, 사실 현실 세계는 같은 것이 랜덤하게 되풀이되는 카오스에 불과하다는 것이다. 모든 것은 그저 기존의 것들이 반복적으로 순환될 뿐이다. 그럼 그냥 아이고 망했구나, 인생사 허무하구나 하고 주저앉을 것인가. 그게 아니라 니체는 그럼에도 불구하고 '너의 삶을 사랑하라amour fati'는, 김연자 언니의 아모르 파티를 선언한다. 우리의 삶이 영원히 반복되는 것이라면, 삶을 영원히 반복되어도 만족스러울 만한 아름다운 삶으로 한 차원 고양시키면 된다는 것이다. 영원회귀를 사랑하라. 심연의 가장자리에 가서 눈을 깜빡이지도 말고 가만히 직시하고, 뒤돌아서 계속 가라. 니체는 허무주의로 알려져 있지만 인간 삶의 허무함을 가차 없이 폭로한 데서 허무주의라는 이름을 얻은 것일 뿐, 그 허무를 껴안고 계속 전진할 것을 주문하기 때문에 사실 허무주의를 한 차원 뛰어넘는 인물이다. 허무주의자가 아니고 허무주의를 극복하자는 사람이다. 그의 철학은 본질적으로 염세의 철학이 아니라 긍정의 철학이다.

어쨌든 니체는 이렇게 신으로 상징되는 권위와 도덕을, 마치 어머니가 그 어머님의 시어머님의 이모님의 아버님의 할머님*으로부터 전수받은 비법으로 오랜 시간 공들여 차린 밥상을 뒤엎듯이 홀라당 뒤집어엎어버렸다. "신은 죽었다"라는 니체의 말은 단순히 가벼운 무신론 선언이 아니라, 수천 년간 쌓아온 인간 이성과 도덕률에 대한 묵직한 도전이었던 것이다.

■ 플라톤까지 거슬러 가려면 몇 대까지 올라가야 할지 모르겠어서 이쯤에서 멈춘다.

꼭 밝히고 싶은 얘기가 있는데, 니체가 비록 기독교에는 망치를 들고 덤볐어도 예수님 앞에는 꽃을 놓는 사람이었다. 다시 말해서 니체에게 신은 사망선고의 대상이었지만 예수님은 경탄의 대상이었던 것이다. 한 인간으로서 십자가에 매달린 예수님의 고통은 니체에게는 긍정적 에너지였고 존경의 대상이었다. 니체는 인류 역사상 진정한 크리스천은 단 한 사람이었고 그는 바로 십자가에 매달려 죽었다고 말한다. 그러나 그로 인해 만들어진 천국의 이야기를 믿으며 한평생 지옥불에 떨어지지 않을까 안절부절못하는 대다수 인간들의 삶은 나약하고 우매하다는 것이다. 그러므로 니체는 말한다. 신은 죽었으므로 신의 위치를 향하여 스스로를 드높이는 삶을 살라. 영원회귀의 깨달음 속에서도 싱그러운 생명력으로 춤추는 삶을 사는 것이 인간의 사명이다.

| 아담에게 없어야 할 것이 있다 |

처음으로 스스로 마음먹고 열심히 골라서 사 온 포스터가 아주 흡족했던 나는, 그 그림을 당시 활발히 사용하던 소셜미디어에 올렸다. 그러자 고국에 있던 한 후배가 그림 안에 틀린 점이 있다며 한번 찾아보라는 댓글을 남겼다. 책을 읽으시는 분들도 찾아보시길. 아담에게 없어야 할 것이 있다.

다들 찾으셨는지. 바로 배꼽이다. 성경에 나온 대로 하느님께서 인간을 흙으로 빚고 숨을 불어 넣으셨다면 애당초 별 기능도 없는 배꼽을 만드셨을 리 없다. 배꼽은 자른 탯줄이 떨어진 흔적, 즉 사람이 어머니로부터 피와 살을 받아 나왔음을 보여주는 기관이다. 미켈란젤로가 최초의 인간인 아담에게 배꼽을 그려 넣은 것은 그런 의미에서 명백한 실수다. 그러나 니체의 관점에서 보자면? 이 배꼽은 오류가 아니라 오히려 유쾌한 선언이다. 실수가 아니라 화룡점정이 되는 셈이다. 배꼽을 정면으로 드러낸 채 '나는 인간이다' 과시하면서 손가락을 뻗어 신을 자기 쪽으로 불러들이는 모습. 니체는 과연 이 그림을 보고 무슨 생각을 했을지 궁금하다.

천지창조가 그려진 시스티나 성당은 가톨릭 교계 제일의 어른인 교황을 선출하는 콘클라베conclave가 열리는 장소로 유명한 곳이다. 그 안의 그림, 그것도 가장 높은 곳에 그려진 천장화를 보면서 교황님께 꾸지람 들을 이런 발칙한 생각을 하고 있는 나라니. 아무리 철학적인 상상이라지만 죄송한 마음이 든다. 하지만 교황님께선 천지창조를 바라보는 이 천지개벽할 시선에 그저 조용히 웃으실 것 같다. 그런 모든 생각을 받아 안는 바다 같은 포용의 마음이, 수 세기에 걸쳐 이어진 그런 무수한 도전에도 종교의 가치를 꿋꿋하게 이어온 힘이 아닐까.

2.

투명한 유리병에서
인간의 품성을
찾다

**공자와 베버에게
보여주고 싶은
그림**

나는 유리병을 좋아한다. 소스며 차, 잼이 들어 있던 유리병을 그냥 버리지 못한다. 형형색색의 플라스틱이 넘쳐나는 세상에서 가볍게 나부대지 않는 묵직함이 좋고, 안에 든 것을 여과 없이 보여주면서도 그 때문에 변색되지는 않는 투명함이 좋다. 산산이 부서질지언정 뒤틀리거나 찌그러지지 않는 강직함이 좋고, 다른 병과 부딪힐 때 챙- 하고 은은하게 울리는 청명한 소리도 좋다. 가시를 품은 장미처럼, 함부로 대하지 않고 조심하는 마음가짐을 갖게 하는 능력도 매력적이다. 누구나 유리병 앞에서는 다소 차분해진다. 마치 조금은 어려운 사람을 만난 것처럼. 그렇게 내용물이 가만가만 줄어들면 유리병 안에는 그만큼씩 세상이 담겨간다. 허무하게 비어가는 병이 아니라 알록달록 세상의 모습이 담긴다는 점이 유리병을 더욱 특별하게 한다.

잼과 차가 든 병 중에는 디자인이 예쁜 유리병이 많다. 다 먹고 깨끗이 씻으면 귀여운 유리컵이 되는 제품도 있고 얇은 원통형이라 느낌 좋게 손안에 쏙 들어오는 병도 있다. 바닥까지 말끔히 긁어 먹고 뜨거운 물에 소독을 끝낸 따뜻한 유리병을 손에 쥐면 그 순간이 그렇게 좋았다. 여기엔 뭘 담아서 쓰면 좋을까. 그 반짝이는 온기가 손바닥뿐 아니라 마음까지 따뜻하게 간질이는 느낌이었다. 그렇게 준비된 병 안에 나는 손수 만든 피클을 담고, 손바닥만 한 텃밭에서 따다 말린 허브를 담고, 덩굴식물을 꽂아 기르고, 갓 갈아낸 신선한 땅콩버터를 담았다. 작고 귀여운 병에는 색색의 향신료를 채웠다. 아이들은 병 안에 구슬이 떨어지면서 나는 경쾌한 소리에 매혹되어 단풍잎처럼 작은 손으로 몇 번이고 그 안에 구슬을 담았다 비웠다. 새로 가득 찬 유리병들은 자기를 조금씩 비워가면서 그만큼의 빈 공간에 또다시 세상을 담았다.

모 브랜드의 소스 병이 있었다. 라벨 스티커를 말끔히 떼어내는 작업이 항상 고통스러웠기에 물에 넣어두면 라벨이 스르르 떨어져나가는 이 병은 나를 열광케 했다. 누가 이렇게 기특한 접착제를 썼을까. 환경에 관심이 많은 사람이려나. 아니면 나처럼 유리병에 붙은 라벨을 떼다가 그 쓸데없이 지난한 작업에 분노해본 경험이 있는 사람일지도 모른다. 그런데 기특한 건 그뿐이 아니었다. 파스타 소스가 듬뿍 담겨 있을 때는 몰랐는데 깨끗이 씻어놓고 보니 메이슨 자Mason Jar가 아닌가. 그 사실을 처음 깨달은 날, 병에 새겨진 눈금을 손끝으로 만져보면서 나는 뜻하지 않은 보물을 얻은 해적처럼 씨익 웃었다. 나로 하여금 특정 브

2. 투명한 유리병에서 인간의 품성을 찾다

랜드 소스 구매에 일조하게 한 이 메이슨 자가 바로 이번 글의 주인공이다.

| 이름난 유리병, 그 안에 담기는 것들 |

유리병 중에서 세계적으로 이름을 얻은 병을 꼽자면 코카콜라 병과 메이슨 자가 있다. 코카콜라 병은 전 세계적으로 워낙 널리 알려진 만큼 모르는 사람이 없겠지만 메이슨 자는 조금 생소할 수도 있겠다. 코카콜라 병은 알다시피 허리께가 잘록하게 들어간 음료수 병이다. 인체의 잘록한 허리선을 구현한 디자인이라는 오해를 많이 받지만 사실 카카오 열매의 모양을 본뜬 것이라고 한다. 어두운 곳에서도 손끝으로 알아볼 수 있는 이 특유의 디자인이 코카콜라 병의 핵심이라면, 메이슨 자는 생김새가 정직하고 투박하다. 뚜껑이 조금 특이할 뿐 어디서나 볼 수 있는 유리병이다.

메이슨 자는 원래 북미에서 과일이나 채소의 저장성을 높이기 위해 잼이나 절임을 만들 때 절임 용기canning jar로 많이 사용한 유리병이다. 북미에서는 문화적 아이콘이기도 하고 복고적 소품으로 수집 대상이 되기도 한다. 앤티크 숍에 놓인 푸르스름한 메이슨 자들도 보석처럼 예쁘지만, 색색의 피클이나 수프 재료가 담겨 부엌 선반에 차곡차곡 놓인 메이슨 자들을 보고 있자면 그 다양한 색감과 형태에 눈이 황홀해진다. 코카콜라 병이 딱히 유리병일 이유는 없지만 메이슨 자는 유리여야 한다. 투명해서 그 안에 담긴 것을 볼 수 있어야 한다는 점이 중요하기 때문이다. 코카콜라 병 안에는 코카콜라가 담긴다. 물론 간장이나 참기름을 담아 심심치 않게 시트콤 에피소드를 생산하는 분들이 계시지만, 콜라 병을 보면 우리는 자연스럽게 콜라가 담겨 있을 거라고 생각한다. 하지만 절임 용기인 메이슨 자 안에는 애초에 다양한 식재료가 담긴다. 3주 전에 담아놓은 오이 피클과 지난주에 담아놓은 양파 피클을 구별해야 하고, 저번에 끓여 만든 다양한 잼 중에서 딸기잼은 어디에 있는지 찾아야 한다. 다시 말하면 코카콜라 병은 디자인이 중요했고 메이슨 자는 유리라는 특성 자체가 중요했다. 예쁘고 특이한 병이었기 때문에 이름을 얻었던 코카콜라 병과 달리 메이슨 자는 그저 유리라는 특성 자체가 팬층을 두텁게 했다. 이 용기들이 태어난 지 백 년이 훨씬 지난 현재에도 둘 사이의 이러한 차이는 그대로 이어지고 있는 것 같다. 코카콜라 병은 이제 대부분 간편한 페트병과 캔으로 대체되어 시중에서 병 제품을 만나기 어렵지만 메이슨 자는 그 반대다. 오히려 유리병으로서의 매력 때문에 새롭게 주목받고 있는 것이다. 코카콜라 병은 디자인만 살아 있는 셈이고 메이슨 자는 유리라는 특성이 가장 중요하게 살아 있는 셈이다.

우리나라에도 메이슨 자가 존재감을 뽐내며 다양한 쓰임새를 선보인 지 오래다. 인테리어 소품으로 감각적인 변신을 하기도 하고, 카페에서는 손잡이가 달린 메이슨 자에 음료를 담아 내놓기도 한다. 내용물이 투명하게 보여 무얼 담아도 예쁘다. 샐러드를 담으면 색깔의 대비가 두드러져 더 싱싱해 보이고, 디저트를 담으면 크림이나 초콜릿, 캐러멜 소스 등이 층층이 눈앞에서 반짝거려 더욱 유혹적이다. 이렇게 만든 샐러드는 뚜껑을 꼭 닫으면 사람들의 시선을 훔치는 도시락이 되고, 병에 곱게 담은 파이나 케이크 등은 그 자체로 예쁜 선물이 된다.

유리병에 담길 수 있는 것들은 비단 먹고 마실 거리뿐이 아니다. 공기도 달달했던 몇 년 전의 초여름, 내 유학 시절 룸메이트 P의 야외 결혼식에는 테이블마다 손잡이가 달린 날씬한 메이슨 자가 사람 수대로 놓여 있었다. 하객들이 하나씩 들고 다니며 바에서 자유롭게 칵테일이나 와인을 제공받은 다음, 그 잔을 기념품으로 가져갈 수 있게 한 거였다. 나중에 거기에 음료수를 담으면 하트가 둥둥 떠다니는 것 같았던 그날의 달콤한 공기가 떠오를 테고, 술을 담으면 내가 하는 건배에 그들의 행복을 바라는 마음이 나도 모르게 한 자락쯤 섞여 들어갈 테니, 이처럼 깜찍한 기념품이 없다. 몇 해 전 여름에는 아이가 고모로부터 바다가 든 작은 유리병을 선물받기도 했다. 여름휴가를 같이 보냈던 바닷가의 예쁜 조약돌을 담아 선물해주신 것이다. 그 유리병 안에는 파도 소리, 내 아이의 울음소리, 조카들의 깔깔거리는 웃음소리가 들어 있다. 그때 돌을 갓 지난 조그만 어린아이였던 내 아이는 파도가 칠수록 발밑에서 조금씩 꺼져 들어가는 모래땅이 무서워 엉엉 울었다. 이렇게 유리병 안에 담기는 것은 음식부터 추억까지 무궁무진하다.

| 여름 빛을 담은 유리병 |

리카 반도Rica Bando의 〈메이슨 자Mason jar / 여름 빛summer light〉이
라는 작품에는 여름을 통째로 담고 있는 메이슨 자가 있다. 리카 반도
는 '메이슨 자'라는 이름으로 여러 작품을 제작했는데, 병에 새겨진 글
자를 부제로 붙이기도 하고 곁들인 소품이나 배경에서 부제를 따기도
한다. 이 작품은 계절감이 주는 아름다움, 그 청량한 색감에 대한 찬사
를 부제로 선택한 듯하다. 배경은 은은한 파스텔 톤인데 유리병 안의
색깔은 오히려 선명하고 진하다. 한복 치마저고리 일습처럼 고운 옥색
과 청량감 있는 쪽빛이 어우러져 매끄러운 질감으로 반짝, 하고 빛나고
있다. 여름의 색, 빛, 향기. 저 멀리로는 열기와 습도 같은 것까지 고루
느껴지는 작품이다. 이렇게 유리병 안에는 한 계절도 통째로 담긴다.

뒤에서 배경을 분홍빛으로 물들이고 있는 여름 해는 뜬 지 얼마 안
된 싱싱한 어린 해였을까, 아니면 온 세상을 살바도르 달리의 그림 속
시계처럼 사정없이 엿가락처럼 늘이는 폭군 같은 해였을까. 여름밤이
었으면 아마 강렬한 햇빛 대신 은은한 달이 병 안에 담겨 있었을 것이
다. 풍류를 즐겼던 옛 선조들의 술잔 안에 찰랑거리며 담겼던 달처럼.
아마도 여름밤에 지었을 것이 분명한, "한 말 술 마시고 동산에 누우니
하늘이 이불"이라는 시선詩仙 이백의 권주가를 떠올리며 유리병 안에 담
긴 푸른 하늘을 보다가, 분명 이태백도 지겹도록 읽고 암송했을 논어의
한 구절을 떠올렸다. 군자불기君子不器. 군자는 그릇이 아니라는 공자님
말씀이다. 하지만 그림을 찬찬히 보고 있자니 군자는 이 유리병 같은

리카 반도, <메이슨 자 / 여름 빛>, 2000

사람이면 좋겠다. 푸르게 빛나는 유리병 그림은 내 눈에 군자불기의 내용을 유쾌하게 비트는 것처럼 보인다. 공자님께서 군자는 그릇이 아니어야 한다고 하셨거늘 대체 왜 군자가 이 유리병 같은 사람이어야 한다는 걸까.

| 사람을 그릇에 비유할 때 |

군자불기는 동양철학의 고전인 《논어》의 〈위정〉 편에 나오는 말로 "군자는 그릇이 아니다"라는 간단한 해석으로 널리 알려져 있다. 이 구절을 음미해보기 위해서는 세 가지를 짚어야 한다. 하나, 군자는 무엇인가. 둘, 그릇은 무슨 의미인가. 셋, 군자는 왜 그릇이 아니어야 하는가.

하나, 서양철학에서 시민이나 부르주아가 하나의 인간형이듯 군자는 동양철학의 한 인간형이다. 논어 안에서 군자는 아주 은근하고 근사한 사람으로 나온다. 꼬장꼬장하게 방 안에 들어앉아 책만 읽는 먹물이 아니라, 활도 멋있게 쏘고 노래도 부르며 뭇사람들과 즐길 줄 아는 그윽한 인간이다. 인仁을 체현한 이상적인 인격으로, 논어에서는 주로 좁아터진 소인小人과 반대되는 개념으로 쓰인다. '두루 통하여 편벽되지 않으며'▪ '조화를 이루되 다름을 인정하는'▪▪ 멋진 인물이다. 공자의 무수한

▪   주이불비周而不比, 〈위정〉 편
▪▪   화이부동和而不同, 〈자로〉 편

제자들이, 그리고 공자 자신도, 군자가 되는 것을 목표로 부지런히 자신을 갈고닦는다. 즉 동방의 선비라면 누구나 되고 싶은 인물이 군자다.

둘, 그릇은 편협한 도구성의 상징이자 사람의 됨됨이를 표현하는 단어다. 공자님 시대에 그릇은 이미 제각기 정해진 용도가 따로 있어서 술잔이라도 그릇마다 담는 술이 달랐다고 한다. 청동기인 은나라 시대에 벌써 술통도, 술병도, 술잔도 용도에 따라 다양하게 나뉘었다는데 이를테면 맥주는 피처에, 소주는 소주잔에, 와인은 글라스에, 막걸리는 대접에 마셔야 하는 것이었다는 친숙하고도 군침 도는 얘기다. 즉, 그릇 하나에는 하나의 용도밖에 없었고, 따라서 군자불기에서 기器, 그릇이라 함은 한 가지 쓰임새밖에 없는 편협한 도구성을 말한다. 또 '간장 종지만 한 녀석 같으니라고', '그 사람은 그릇이 그것밖에 안 돼' 같은 표현에서 보듯 우리 문화에서 그릇은 특히나 사람의 됨됨이를 표현하는 말이기도 하다.

셋, 군자가 그릇이 아니어야 한다는 것은 여러 해석이 가능하지만 대체로 다음의 두 가지로 이해할 수 있다. 그릇이 아니라 그 안에 담기는 내용물이어야 한다는 뜻으로 해석하자면 찻잔이 아닌 차가, 밥공기가 아닌 밥이 되라는 의미다. 하드웨어가 아닌 소프트웨어, 콘텐츠가 되라는 것. 또 다른 의미로는 여러 쓰임새가 있는 인물이어야 한다는 말이다. 한 가지 구실밖에 못하는 도구나 부품 같은 존재가 아니라 막힌 곳 없이 두루두루 통하는 인물이어야 한다는 것이다. 오늘날로 치자면 스페셜리스트가 아니라 제너럴리스트가 되라는 말이 되겠다. 덕은 바다 같은 것이라 그릇에 담을 수 없으므로, 안팎을 구분하는 단단한 경계가 있고 한정된 양만을 담는 그릇은 군자가 아니라는 얘기다. 이와 관련해 〈공야장〉 편에서 공자가 제자인 자공과 나눈 귀여운 문답이 나온다.

> 자공이 여쭈었다. 저는 어떤 사람인지요?
> 선생님 말씀하시다. 너는 그릇이니라.
> 어떤 그릇인지요? 제기 그릇이니라.

너는 그릇이니라, 하는 답에 자공은 아마 상처를 받았을 것이다. 군자는 그릇이 아니라는데 존경하는 스승님으로부터 너는 아직 군자의 경지에는 이르지 못했다는 평가를 받은 셈이다. 하지만 공자는 제기 그릇이라는 말로 슬며시 제자의 마음을 달랜다. 아직 도구성을 벗어나지 못한 존재이긴 하지만 너는 그릇 중에서는 가장 좋은 제기 그릇이란다, 조금 더 정진해보렴, 하고 마음을 다독여준 것이다. 암만 봐도 군자일 리 없는 나는 어떤 그릇일까. 내가 좋아하는 예쁜 찻잔 정도면 나는 공자 할아버지께 서운하지 않을 것 같다. 그냥 간장 종지만 아니었으면 좋겠다. 아니, 생각해보니 간장 종지여도 딱히 나쁠 건 없겠다. 뭔가 작게라도 중요한 쓰임새가 있다는 말이니까.

| 강철 껍데기 속에 살고 있는 사람들 |

군자불기는 막스 베버Max Weber가 말한 '영혼 없는 전문가specialists without spirit'와도 맥이 닿는 말이다. 군자가 도구나 부품 같은 존재가 아니라 막힌 곳 없이 두루두루 통하는 인물이어야 한다는 말은, 곧 영혼 없는 전문가가 되어서는 안 된다는 말이기 때문이다. 베버는 근대화된 국가는 필연적으로 관료화된다고 했다. 국가의 덩치가 커지면 커질수록 국가 업무가 세세하게 나뉘는 것은 불가피하다. 합리적 전문성이 필요해지기 때문이다. 작은 라면 가게는 사장님이 요리도 하고 돈도 받지만 체인점이 되면 무수한 점장들과 주방 직원, 서빙 알바들이 탄생할 수밖에 없다. 거대한 국가조직에도 이렇게 각 분야를 담당하는 관료들이 등장하는데 이 관료들은 오로지 자기 구역만을 담당한다. 그 구역을 넘어서는 것은 불필요한 일일 뿐 아니라 바람직하지도 않다. 그러므로 게임을 하다 각층에서 만나는 보스몹처럼, 벗어나지 않고 그 자리를 지키고 서 있는 것이다. 대신에 내가 맡은 분야에서는 유능해야 한다. 즉 관료의 본질은 전문가이며 근대적 인간형은 스페셜리스트인 셈이다. 베버는 관료제는 그 합리성과 효율성 때문에 피할 수 없는 역사적 추세가 될 것이며 "지하에 매장된 마지막 석탄 한 조각을 캐내어 태울 때까지" 관료제는 인류와 함께할 것이라는 서늘한 예언을 남긴 바 있다.

이런 관료제 조직 속에서는 판단하는 혜안이라든가 지도하는 정신은 없다. 관료는 본질과 가치, 방향에 대해 판단하는 사람들이 아니라 명령을 따르는 사람들, 관리의 의무가 미덕인 사람들이기 때문이다. 작은 라면 가게 사장님은 신메뉴를 스스로 개발하고 가게의 영업 방침을 정하며 사업을 접을 시기도 자신이 판단한다. 하지만 체인점의 점장은 성실하게 본사의 지시를 따라야 한다. 베버는 복잡한 관료제 속에서 그저 부품처럼 일하며 스스로 결정하지 못하는 사람들을 '영혼 없는 전문가'라고 불렀다. 가장 극단적 형태로 우리는 나치 전범 재판에서 "나는 명령을 수행했을 뿐"이라고 스스로를 변호했던 아이히만을 본 적이 있다. 꼭 관료나 공무원이 아니라도, 통신 회사에 다니는 평범한 설치 기사도 다음과 같이 말한다.

> "이봐요. 나는 내가 무슨 일을 하는지 모릅니다. 알 필요도 없고요. 통신탑을 몇 개나 더 박아야 하는지, 백 개를 박는지, 천 개를 박는지, 그게 고주파인지 저주파인지 난 관심 없어요. 나는 이 회사 직원이고 회사가 시키면 합니다. 뭐든 해요. 그게 잘못됐습니까?"
>
> -김혜진, 《9번의 일》(2019, 한겨레출판)

이렇게 관료제는 근대국가의 필연적인 특징이자 딜레마다. 내가 맡아서 하고 있는 이 일이 결국 어떤 그림의 일부이며 무슨 가치 위에 놓인 일인지, 바쁘게 돌아가는 작은 톱니바퀴로서는 놓쳐버리기 쉽다. 자신이 그저 잘 돌아가는 데만 급급한 나머지. 한편 그 조그만 톱니바퀴가 포함된 거대한 기계를 마주하는 인간들도 비슷한 어려움을 겪는다. 큰 덩어리를 부득이하게 조그만 간장 종지 천 개쯤으로 나누어놓은 결과, 우리는 책임을 맡지 않으려는 간장 종지들 사이를 쳇바퀴 돌 듯 오가며 분노에 찬 한 마리 다람쥐가 되기도 한다. "그건 저희 소관이 아니오니 ○○○로 문의하시기 바랍니다"라는 답변 속에서 아무 소득 없이 돌고 도는 경험을 아마 현대인이라면 누구나 해봤을 것이다.

'강철 우리' 혹은 '쇠 우리'라고 번역되는 베버의 'iron cage'라는 용어가 있다. 원어로는 'stahlhartes Gehäuse', 즉 '쇠처럼 단단한 외피' 혹은 '강철로 된 껍데기' 정도의 개념인데 베버의 《프로테스탄트 윤리와 자본주의 정신》을 영어로 번역해 소개한 탤컷 파슨스Talcott Parsons가 'iron cage'로 번역하면서 인간이 도저히 빠져나올 가망이 없어 보이는 암울하고 무자비한 단어가 되고 말았다. 그다지 암울하고 싶지 않으니 널리 알려진 '강철 우리' 대신에 새로 뜨고 있는 '강철 껍데기'라는 용어를 쓰려고 하는데, 이 껍데기의 대표적인 예가 관료조직이다.

합리성에는 가치 합리성과 목적 합리성이라는 것이 있다. 베버는 가치 합리성 없이 목적 합리성으로만 합리성이 굴러가는 걸 무척 경계했다. 조직이라는 것이 원래는 인간을 위해 만든 것인데 점점 조직만 굴러가느라 인간이 내팽개쳐지는 상황, 이 상황이 바로 가치 합리성 없이 목적 합리성만 남은 대표적인 경우다. 우리가 종종 소관을 찾고 말겠다는 한 마리의 의지 결연한 다람쥐가 되는 상황은 우리 사회가 이 강철 껍데기 같은 시스템으로 되어 있기 때문이다. 인간의 가치, 삶의 가치와는 무관하게 오로지 기술적 합리성과 계산적 효율성을 기반으로 돌아가는 시스템은 인간에게는 불편하고, 때론 절망적이고, 결정적으로는 무섭다. 최근에는 여기에 과학적인 숫자들과 첨단 기술을 이용한 통제가 은근히 덧씌워져 텔컷 파슨스의 암울한 번역이 오히려 들어맞는 상황으로 가는 것 같기도 하다. 오늘날의 우리는 '강철 우리'에 겹겹의 디지털 잠금번호가 채워진, 그래서 더욱 탈출이 불가능해 보이는 '디지털 강철 우리' 안에서 살고 있는 게 아닐까.

| 사람이 유리병을 닮는다면 |

쓰임새와 크기가 정해진 것은 군자가 아니다. 안팎을 구분하는 단단한 경계가 있고 한정된 양을 담을 수 있는 그릇은 군자가 아니다. 하지만 리카 반도의 작품 속 메이슨 자를 보면서 나는 군자가 이 유리병 같은 사람이면 어떨까 생각한다. 투명한 유리로 안팎의 단단한 경계를 다소 흐리며 여름 빛과 여름 풍경을 그대로 담고 있는 이 유리병 그림은, 군자불기라는 공자님 말씀을 유쾌하게 뒤집는 것 같기 때문이다. 강철 껍데기 속 공무원들을 볼 때의 답답함이 저 사이다 같은 시원한 푸른빛에 살짝 녹아내리는 것 같기 때문이다.

유리라는 건 신기한 물질이다. 한 시인은 "안과 밖의 경계를 만들면서 동시에 허무는 것, 그것에 대한 인간의 욕망" 때문에 사람들이 유리를 만들어냈을 것이라 말한다. 즉 "안에 있으면서도 밖을 동경하는 마음" "차단되고 싶으면서도 완전하게는 차단되기 싫은 마음"이 유리를 존재하게 했다는 말이다.▪ 사람들은 집의 가장 전망 좋은 곳에 유리로 창을 내고, 또 그 유리를 가리는 커튼을 친다. 보고 싶은 마음, 보여주고 싶은 마음, 가리고 싶은 마음, 숨고 싶은 마음들이 오묘하게 교차하며 움직이는 곳이 유리창이다. 이 모든 것을 가능하게 하는 것은 자기 안에 빛이 통과할 수 있도록 길을 내주는 유리다. 빛이 자유롭게 드나들 수 있기 때문에 세상을 담을 수 있고 경계가 허물어진다. 하지만 모든 경계가 허물어지는 것은 아니다. 유리를 사이에 두고 너는 나를 볼 수 있지만 나를 함부로 만질 수는 없다.

유리는 약간의 두려움이 있는 상대를 소심하게 관찰하기에 제격이다. 평소라면 눈을 두기보다는 도망가기에 바쁠 것들을 유리 뒤에서는 용기 있게 마주할 수 있기 때문이다. 그러면서 상대를 조금 더 알 수 있게 된다. 동물원에서 우리는 유리 벽을 믿고 사자며 뱀에게 가까이 다가갈 수 있다. 한번은 몸을 동그랗게 말고 있는 뱀을 오래 들여다보면서 뱀이 아름답다고 말하는 사람들을 조금은 이해할 수 있겠다는 생각을 했었다. 유리가 아니었다면 나는 살아 있는 뱀의 눈을 그토록 오래 마주 볼 수 없었을 것이다. 가까이하고 싶지 않은 벌레라도 창밖에 붙은 녀석이면 두렵지 않다. 언젠가 나무 밑에 주차해둔 차로 돌아왔을 때 차 앞 유리를 곰실거리며 열심히 횡단하던 애벌레를 보면서 나는 처음으로 색이 참 예쁘구나, 움직이는 모습이 꽤 귀엽구나 생각했었다.

▪　김소연, 《마음사전》(2008, 마음산책) 중 '유리와 거울'에서 인용.

요즘엔 아이들과 함께 해가 쏟아져 들어오는 베란다 유리문에 붙어 배를 내보이는 무당벌레며 각다귀 같은 걸 관찰하기도 한다. 어릴 적에는 학교 숙제로 유리병 안에 개미를 키우면서 개미들이 부지런히 개미굴을 내는 걸 본 적도 있다. 대부분의 곤충을 보면 왠지 모르게 일단 얼음이 되는 나지만 얼어붙은 내가 움직일 수 있도록 유리가 '땡'을 해주는 셈이다. 오히려 녀석들을 이 기회에 가만히 들여다보게 되는 것이다.

유리는 안에 든 것을 가감 없이 내보이며 더 자세히 살펴보게도 한다. 유리병에 딸기를 썰어 넣고 설탕에 재워두면 설탕이 안 녹고 바닥에 계속 가라앉아 있는 건 아닌지, 딸기가 알맞은 모습으로 변해가고 있는지 잘 살필 수 있다. 딱 하루 상온에 두는 동안 아이들은 조바심을 내며 설탕이 빨리 녹도록 몇 번이고 유리병을 뒤집는다. 설탕이 다 녹은 걸 확인하고 그대로 유리병째 냉장고에 넣어두면, 그 빨간빛도 달콤하거니와 혹시 딸기청에 곰팡이가 피는 건 아닌지도 금방 확인할 수 있다. 나는 반찬을 담아두는 밀폐용기를 모두 유리로 쓴다. 환경호르몬 걱정에서 벗어나고 싶은 게 가장 큰 이유지만 무엇이 들었는지 알기 쉬워 냉장고를 연 채 한없이 서 있지 않아도 돼서 좋고, 그 안에 든 게 얼마나 부족한지 또 그 안에서 혹여 상하고 있는 것은 없는지 쉽게 살필 수 있어 더 좋다.

내 안에 담고 있는 것이 썩어가지는 않는지, 그 안에서 잘못된 것은 없는지, 부족하면 부족한 대로 잘했으면 잘한 대로 세상에 투명하게 드러내는 것. 이것이야말로 군자의, 혹은 공무원의 가장 중요한 덕목이

2. 투명한 유리병에서 인간의 품성을 찾다

아닐까. 약간의 두려움을 주는 권력이라는 걸 사람들이 소심하게나마 자세히 관찰할 수 있게 하는 것, 그래서 그 힘의 변화를 더 잘 알 수 있게 하는 것, 이 역시 권력 스스로가 해야 할 일이 아닐까. 유리병은 꽉 막힌 밀실에 들어앉아 내 안에 든 것만 움켜쥐고 있는 게 아니라 세상의 모든 빛이 통과하도록 길을 내어준다. 그렇게 넉넉한 마음을 내주는 대가로 나를 내보이고, 빈 공간에 세상 구석구석을 담아낼 수 있다. 아름다운 세상, 초라한 세상을 가리지 않고 평등하게. 내가 유리병에서 군자를 떠올린 것은 그런 까닭이다. 이왕이면 쓰임새도 유연하고, 경계는 있되 배타적이지 않은 이런 유리병 같은 사람이면 어떨까.

참고로 한 병 더. 이 작품은 리카 반도의 메이슨 자 시리즈 중 '웨이브 힐Wave Hill'이라는 부제가 달린 리소그래피lithography다. 병이 있는 곳이 언덕 위인지는 모르겠지만, 사실 내려다보이는 전망은 그냥 평평해 보이는데 제목이 웨이브 힐이다. 어디가 언덕일까 생각해보니 병 안에 빛이 굴절되면서 살짝 휘어져 생긴 둥근 언덕들이 보인다. 우공이산愚公移山의 노력 없이도 이렇게 자기 안에 언덕 하나쯤 쓱 만들어낸 작은 유리병의 능력이 귀엽고 감탄스럽다. 내 안을 볼록하게 만드는 힘. 내 안을 꾹꾹 눌러 납작하게 만들어두지 않고 부드럽게 솟아나게 만드는 능력. 여러모로 오늘날의 우리에게 필요한 인간형은 저런 유리병의 모습이 아닐까.

리카 반도, <메이슨 자 / 웨이브 힐>, 2000

3.

기묘한 균형으로
쌓여 있는
책 구경

너도 옳고
나도 옳을 때
우리는 어떻게 공존할까

나는 남의 집 책 구경을 좋아한다. 누군가의 집에 놀러 갔을 때 제일 먼저 눈이 가는 건 그 집 책꽂이다. 꽂아둔 책들을 보면 평소에는 닿지 못했던 그 사람의 안이 보인다. 그렇기 때문에 주인의 허락 없이 책꽂이를 보는 건 그 사람의 비밀을 들여다보는 것 같아 조금 무례한 일인가 싶기도 하다. 타인의 서가 앞에 서면 간질거리는 마음과 조심스러운 마음이 서로의 머리끄덩이를 잡고 일어난다. 서로 쌈박질하는 마음으로 꽂혀 있는 책들을 보고서 뒤돌아 그 사람을 보면, 그를 좀 더 알게 된 것 같은 친밀감이 한결 피어난다.

　이십 대 때까지만 해도 한쪽 벽은 만화책으로, 다른 쪽은 그림책으로, 나머지는 좋아하는 글자책으로, 사면이 책으로 넘실대는 방을 꿈꿨었지만 현재의 내겐 그만한 공간도 재력도 없다. 누가 내 빈약한 책꽂이를 들여다보면 살짝 부끄럽다. 뿌리가 없고 이사가 잦은 해외동포의 삶은 애초에 책과 좋은 궁합이 아니다. 내 책들은 여러 국가와 도시를 거치는 동안 뿔뿔이 흩어져버린 데다, 좋아하는 책일수록 빌려주길 좋아해서 어딘가로 사라진 책도 많다. 알고 지내는 어느 작가분께서는 결혼이란 걸 생각하면 둘의 서가를 결혼시키는 일이 가장 설렌다고 했다. 하지만 나의 반려인은 물성이 있는 종이책보다 디지털 북을 선호하기에 우린 딱히 결혼시킬 책이 없었다. 나는 단단한 나무로 짠 좋은 서가에 책들이 빽빽이 꽂힌 넓은 벽을 갖는 게 로망이지만 반려인은 이 편한 세상에 무겁게 책을 싸 짊어지고 다니는 취향이 아니다.

나도 나이가 들면서 쥐려는 마음보단 놓으려는 마음이 커지고 있지만, 좋아하는 책들로만 가득 찬 책장은 작게라도 만들고 싶은 소망이 있다. 어렸을 때 어른들의 책이 가득한 서가를 기웃거리며 미지의 세계를 궁금해하던 기억이 있기에 내 아이들에게 엄마의 책장이라는 추억을 주고 싶은 마음도 한몫한다. 아이들이 훗날 그곳에 꽂혀 있던 알록달록한 책들을 추억하며 엄마라는 사람을 좀 더 이해할 수 있지 않으려나. 한곳에 정착을 하면 개미처럼 야금야금 책을 물어다 놓으리라. 나는 상상 속의 서가에 들어갈 책 리스트를 틈틈이 구상하며 히죽거리곤 한다.

| 시공간을 초월한 서가 구경 |

옛 그림을 보면 우리 선조들의 서가를 구경할 수 있다. 우리나라엔 책거리를 그리는 전통이 있었기 때문이다. 책거리의 '거리'는 입을 거리, 볼거리 같은 말에 붙는 그 거리다. 서가 구경이라고 하면 책을 몇 권 쌓은 책거리보다는 큰 서가가 보이는 책가도 쪽이 아니냐 싶겠지만, 사실 책거리는 책가도를 품는 더 넓은 이름이다. 오랜 시간 궁중회화와 민화를 연구하신 정병모 교수님의 구분에 따르면 책가도는 책가, 즉 서가를 그린 그림이고 책거리는 서가가 있든 없든 책을 중심으로 그린 그림이다. 다음 그림에서 위가 책가도, 아래가 책거리인데 위는 책거리라고 불러도 되지만 아래는 책가도라고 부르면 안 된다고 한다.

정조가 책거리를 중히 여겨 어좌 뒤에 관례처럼 있던 오봉도五峯圖 병풍 대신 책거리를 두고 신하들에게 쓸데없는 책, 즉 패관잡기 읽지 말고 열심히 공부하라며 스트레스를 주었다는 일화는 유명하다. 일부 화원들이 책거리를 그리지 않았다고 귀양도 보냈단다. 각자 원하는 것을 자유로이 그리라 해놓고 귀양이라니, '답정녀'는 이렇게 최소한 조선 후기부터 내려오는 전통 있는 개념이었던 것이다. 공부도 되게 잘하셨

■ 책장이 있는 그림만이 책가도라고 하는 것은 학자들마다 의견이 갈리는 부분이다. 최근에는 조선시대의 책가라는 것이 현대적 의미의 책장이 아니라 책을 얹어놓는 시렁이기 때문에 책가도의 '가'가 꼭 서가를 의미하지는 않는다는 견해도 설득력 있게 논의되고 있다. 이 견해에 따르면 책가도와 책거리는 한쪽이 다른 쪽을 포함하는 개념이 아니라 사실상 같은 말이며 혼용해서 쓸 수 있다. 이 책에서는 그림 구분의 편의상, 두 용어를 구분하는 정병모 교수님의 견해를 따른다.

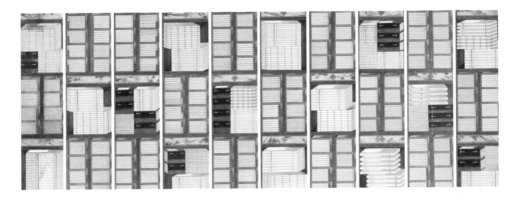

책가도, 10폭 병풍, 19세기 조선

책거리, 19세기 조선 민화

던 이 책벌레 임금님은 책거리 그림에다 자신이 좋아하는 책 제목들을 적어 넣기도 했는데, 백성들에게는 '어심을 꿰뚫자! 새로운 출제 경향에 맞춘 성균관 필독 도서'요, 신하들에게는 '이것만 읽고 경연에 들어가자, 주상전하께서 추천하시는 올해의 권장 도서 목록'이었던 셈이다.

르네상스 시대 유럽에는 왕족이나 귀족, 상인들을 중심으로 '호기심의 방Wunderkammer, Cabinet of Curiosities'이 만들어진다. 지적 호기심을 자극하는 국내외 수집품을 모아두고 "마이 프레셔스"를 외치는, 조그만 개인 박물관 같은 개념이었다. 이걸 그림으로 그리기도 했다. 이탈리아 화가 도메니코 렘프스Domenico Remps가 정말 캐비닛 사이즈로 그린 그림이 대표적으로 회자된다. 하지만 'Cabinet of Curiosities'라는 용어에서 캐비닛은 가구로서의 캐비닛보다는 공간으로서의 방을 의미한다.

비슷하게 동아시아에는 장식장을 그리는 전통이 있었다. 중국 청대에 이르면 다보격多寶格이라는 장식장이 선보이는데, 이 안에는 주로 도자기와 청동기, 옥이며 골동품 같은 진귀한 물품들이 들어갔다. 이를 화려하게 그려낸 그림을 다보격경도多寶格景圖 혹은 다보각경도多寶閣景圖라 불렀다. 그런데 우리나라에서는 그 공간을 서가로 하고 진귀한 물품보다는 책과 문방구로 채웠으니, 선조들께선 책이 보배라는 정말 보배로운 생각을 가지셨던 것이다. 고매한 인격보다는 과시하고 싶은 욕망이 부풀어 올라 차츰차츰 칸칸이 중국풍의 보배가 들어가는 경향도 생기지만, 그래도 기본적으로는 단정하게 쌓인 책이 중심이 된다. 그리하여

도메니코 렘프스, <호기심의 캐비닛>, 1690년대

오늘날 우리는 조상님들의 서가를 재미나게 구경할 수 있다.

책을 귀히 여기는 마음은 서민들의 민화에도 오롯이 들어 있다. 책거리 그림은 18세기 후반부터 왕실 어좌와 사대부들의 서재에 펼쳐지기 시작했는데 그 이후로 사회적 계층과 상관없이 크게 유행했다고 한다. 오히려 궁에서 사대부 양반가, 거기서 다시 중인의 집과 평민의 오막살이를 거치면서 재치와 풍류가 더해졌다. 호기심의 방이나 다보각은 돈이 있어야 만들 수 있었지만 책과 기물을 단출히 그린 그림은 보다 저렴하게 어디에나 걸릴 수 있었던 것이다. 정조가 오봉병 대신 책거리를 두면서 남긴 말이 있다. "옛날에 정자程子가 이르기를, 비록 책을 읽을 수 없다 하더라도 서실에 들어가 책을 만지기만 해도 기분이 좋아진다고 하였는데 나는 이 그림을 통해 이 말의 의미를 알게 되었다." 우리 조상님들은 그렇게 책 그림만 걸어두어도 기분이 좋아지셨나 보다. 게다가 조선에서 유행하고 끝난 전통이 아니라, 어좌 뒤의 책거리 병풍이 시간의 흐름을 타고 현대로 넘어와 평범한 가정집 벽지로 변신하기도 했다는 점이 주목할 만하다. 따라서 책거리는 가장 한국적인 정물로 통한다. 외국 명화들 속에도 책이 더러 등장하지만, 우리처럼 책이 수북하게 쌓여 있는 모습을 그려 약 200년이라는 긴 세월 동안 왕부터 백성들에 이르기까지 모두가 즐겼던 나라는 없는 듯하다. 그만큼 우리는 책을 사랑하고 귀하게 여겨온 사람들이다.

책거리, 19세기 조선 민화

| 이상한 나라의 책 쌓기 |

나는 책가도보다는 책이 단출하게 쌓인 책거리 그림을 좋아한다. 앞서 본, 조선의 그림 두 점으로 다시 돌아가보면 책가도는 대체로 어마어마한 위용으로 보는 사람을 압도하는 데 반해 책거리 그림에서는 책들이 허공에 둥둥 떠 있는 모습이 신선하다. 틀을 깨고 나온 것이 자유롭듯이 책들도 서가라는 틀을 벗어나니 훨훨 날고 있다. 빈틈없이 빽빽하게 책이 꽂힌 책가도 그림을 보면 저걸 언제 다 읽나 싶은 마음에 왠지 모를 압박감이 들지만, 단순해진 책거리 그림을 보면 마음도 한결 낙낙하고 가벼워진다. 서가 그림 앞에서는 왠지 모르게 뒤로 한 걸음 물러나게 되지만 단출한 책거리 그림을 보면 한 걸음 다가가 손으로 쓰다듬어보고 책도 넘겨보고 싶은 마음이 든달까. 그런 책거리 그림 중에서 내가 가장 매력 있게 본 작품은 도쿄 일본민예관에서 소장하고 있다는 왼쪽의 그림 두 점이다.

보는 순간 이게 뭐지 싶어 슬며시 웃음이 나왔다. 우선은 책의 모습과 쌓인 모양이 너무 신기했다. 조각 케이크 같기도 하고 특이한 상자 같기도 한 책갑들. 그런 책들이 삐뚤거리며 차곡차곡 쌓인 모습이 재미있는데, 그렇다고 또 불안한 느낌은 크게 없이 희한한 균형감을 이루는 게 오묘했다. 대접을 서로 마주 보게 엎어 쌓아 스릴 있으면서도 왠지 안정감 있는 원형을 만들어낸 감각도 놀라웠다. 우측 하단의 도자기는 왜 한입 베어 먹은 것같이 생긴 건지, 대체 무엇에 쓰는 물건인지, 보면 볼수록 신기하고 궁금하다.

그림 안에는 책과 안경뿐 아니라 오이라든가 포도, 편지, 부채, 대접과 소반 같은 사물들이 오밀조밀 정답게 들어 있다. 책거리는 원래 책과 문방사우가 중심이지만, 보여주고 싶은 물건이나 담고 싶은 소망이 늘어나고 복을 비는 귀여운 마음들이 쌓이는 까닭이다. 펼쳐진 책 위로 올려진 안경은 책거리 그림에 반복적으로 등장하는 모티브다. 고전을 탐독하다 잠시 눈을 쉬려고 안경을 내려둔 학식 있는 인물이 이 책거리의 주인공이라는 얘기다. 남근을 연상케 하는 오이가 수북이 들어 있는 그릇은 남아에 대한 소망이 직설적으로 드러나는 표현이고, 포도같이 씨와 열매가 많고 덩굴이 있는 식물은 자손이 끊이지 않고 번창하기를 바라는 마음을 은근히 담는다. 둘둘 말린 비단▪이나 화려해 보이는 부채에는 출세를 염원하는 마음이 담겼을 테고, 허공에 떠 있나 싶게 반듯하게 솟아 있는 편지 봉투들은 그만큼 찾는 이가 많은 향기로운 인격이나 높은 권세를 상징할 것이다. 왼쪽 그림에 있는 검은 소반의 네 다리 위로는 구름이 몽실몽실 피어나고 있다. 원래 소반이 깎인 모습을 반영한 것이기도 하겠지만 구름을 타고 더 높은 곳으로 떠받들려 가기를 바라는 마음이 담겨 있을 법도 하다.

이 그림을 보고 있으면 눈이 바쁘게 움직인다. 서양 원근법에 익숙한 우리로서는 대체 어디에 소실점이 맞춰진 것인지 눈알을 데굴데굴 굴릴 수밖에 없는데, 그렇게 집중된 어느 한곳으로 시선을 모으지 않

▪ 경전을 쓴 두루마리나 그림을 담은 족자일 수도 있겠다.

는다는 점이 아주 유쾌하다. 마치 다양한 높이에서 본 모습들이 한 그림 안에 동시에 그려진 것 같다. 아빠의 눈높이에서 내려다본 오이 그릇, 엄마의 시선으로 본 소반과 대접들의 미감, 아이들 눈으로 본 신기한 모양의 책갑들. 게다가 포도를 담은 대접과 굉장히 희한하게 겹쳐 있는, 우측 하단의 저 한입 베어 먹은 것 같은 도자기가 정말 백미다. 과연 저렇게 보이는 게 가능한 건가 싶어서 도자기와 대접이 서로 엎치락뒤치락하면서 얼굴을 내밀고 있는 모습을 한참 쳐다본다. 도자기가 앞에 나와 있는 것 같기도 하고 대접이 앞에 나와 있는 것 같기도 하다. 중심이 되는 한 가지 사물이 있는 게 아니라 나도 중요하고 나도 예쁘다고 다들 조잘조잘 떠드는 느낌이다. 책과 그릇이 쌓인 모양을 보면 평면과 입체가 제각각 보여주고 싶은 면을 강조하며 불쑥불쑥 솟아나 있다. 서양 원근법대로 그렸다면 보지 못할 어여쁜 무늬들이, 각각의 사물을 희한한 각도로 비틀어둔 덕분에 죄다 뛰어나와 화려함과 섬세함을 뽐내고 있는 것이다.

이 그림을 선물받은 야나기 무네요시는 깊이 감격해서 "이 그림만큼 모든 지혜를 무력하게 만드는 그림은 좀처럼 없다"라고 평하는 글을 남겼고, 그 글이 일본 문화계에 큰 영향을 미친 덕분에 일본에서는 조선 민화를 수집하는 붐이 일어났다고 한다. 합리적이고 과학적인 원근법에선 좀처럼 느낄 수 없는 감동과 신비를 조선의 민화에서 느꼈다는 것이다. 근대의 세례를 받은 눈으로 보면 엉터리에다 비과학적인데 이상하게 절묘하고 매력적이다. 나는 이 책거리 그림이 주는 느낌이《이상한 나라의 앨리스》삽화들을 볼 때의 매력과 비슷하다고 생각한다. 머리만 엄청나게 큰 공작부인이라든가 라켓이 된 홍학 같은 것에서, 구름 같은 소반이라든가 측면이 희한하게 강조된 조각 케이크 같은 책들과의 접점이 느껴진다. 혹자는 이런 구성을 보고 큐비즘*이나 초현실주의를 떠올리기도 한단다. 이 그림은 놀랄 만큼 대담하면서도 얌전한 편이지만, 다른 책거리 그림들을 보면 아슬아슬하게 쌓아놓은 책 위로 도저히 올릴 수 없는 물건들이 올라가고, 책 사이로 학이 거닐거나 사슴들이 정답게 뛰놀기도 한다. 심지어 책을 감싸고 뭉게뭉게 피어나는 구름 속에서 용이며 두꺼비가 튀어나오는 모습을 본 적도 있다. 우리 선조들은 큐비즘이며 초현실주의 같은 이름을 모르고도 조그만 화폭에 그런 매력을 듬뿍 담아냈던 것이다.

| 서로 부딪혀도 무너지지 않으려면 |

저기에 쌓인 책들은 과연 어떤 책들이었을까. 이토록 시선이 다양해지는 그림 속, 제멋대로 쌓인 책들을 보자니 제자백가의 대표작들이 하나씩 쌓여 있다면 잘 어울리겠구나 싶다. 제자백가는 영어로 'Hundred Schools of Thought'라고 쓰는데, 백이라는 숫자가 암시하

■ 20세기 초 프랑스에서 시작된 서양미술의 한 사조. 입체파, 입체주의, 혹은 입방체주의라고 한다. 원근법의 투시 개념을 탈피하고 3차원의 대상을 여러 시점으로 분해해서 화폭에 재구성하는 특징이 있다.

듯 실로 다양한 사상이 폭발적으로 만개했던 춘추전국시대의 여러 사상가와 그 학파를 일컫는 말이다. 천하를 호령하는 단일 제국이 없었던 춘추전국시대는 서로 다른 관점이 테트리스처럼 쌓여 꽉 들어찼던 시대였다. 이리 삐죽 저리 삐죽 뻗은 그림 속 책들처럼 생각의 방향과 시선이 다양했다. 나도 중요하고 나도 예쁘다던 저 그림 속 사물들처럼 어느 것 하나 중요하지 않은 학파가 없었고, 모두 신념에 차서 자신의 주장을 소리 높여 외쳤다.

유가는 인仁을 중시하고 덕으로 나라를 다스려야 한다고 했다. 도가는 유가의 예악을 비판하고 무위자연의 도道를 깨우칠 것을 주문했다. 법가는 법法, 술術, 세勢를 적절히 사용하는 엄격한 법치주의로 천하를 다스려야 한다고 믿었고, 묵가는 서로 이롭게 하는 겸애兼愛의 마음과 실용주의를 내세웠다. 서로가 가장 중요하다고 생각하는 개념을 각각 내세우며 인간의 삶이 어떻게 더 나아질 수 있을지 치열하게 고민했다. 서로를 비판하고 다투면서 그림 속 사물들처럼 아찔한 긴장감을 내뿜었지만, 쌓인 모습이 희한한 균형을 이룬 것처럼 전체적으로는 서로의 사상을 발전시키며 함께 성장했던 것이다.

철학의 역사 역시 세상과 삶을 바라보는 다양한 시선의 역사다. 그 다양한 시선들이 끊임없이 인류의 삶을 고양시켜왔다. 제각각인 책거리 그림들의 자유분방함 속에는 공통적으로 학문에 대한 열정과 복을 바라는 따뜻한 마음이 깃들어 있듯이, 제자백가라는 이름을 얻을 만큼 만발했던 사상들 속에는 학문을 닦고 깨달음을 얻어 인간의 삶을 더 나은 것으로 만들겠다는 마음이 공통적으로 들어 있었다. 비록 시선이 다르고 초점은 다른 곳에 두었어도 자신의 이상을 향한 마음의 온도는 비슷하지 않았을까.

그런 제자백가와 더불어 떠오르는 개념, 책거리에 담긴 사물들을 보며 떠오르는 개념은 가치 다원주의value pluralism다. 책거리 그림 속 어느 사물 하나가 내가 더 튀겠다며 나서면 그 오묘하게 쌓인 균형에 균열이 생겨 대접이 엎어지고 그릇에 담아둔 오이가 와르르 떨어질 터. 가치 다원주의도 어느 한 가치가 천하를 호령하는 것보다는 각각의 고유한 가치를 인정하는 데서 얻는 평화와 균형과 아름다움을 보는 태도다. 도자기와 대접이 저렇게 서로를 옆구리에 낀 채 각각 서로의 앞으로 얼굴을 내밀 수 있어 조화롭고 아름다운 것처럼.

다원주의는 일원주의의 반대 개념이다. 세상에는 최고로 중요한 가치가 있어서 그걸 기준으로 서열 순으로 줄 세우기가 가능하다는 일원주의에 반해, 다원주의는 상충하는 가치들 중에는 근본적으로 동등한 중요성을 가진 가치들이 존재한다는 입장이다. 거칠게 말하자면 유일신으로서의 하느님을 섬기는 기독교는 일원주의에 가깝고 부엌을 지키는 조왕신과 장독을 지키는 천룡신, 우물을 지키는 용왕신, 뒷간을 지키는 측신이 모두 중요한 우리의 전통적 가신들을 보자면 다원주의에 가깝다. 더 정확히는, 가치 다원주의의 적절한 예가 되려면 가치들이 상충해야 한다. 마치 '부먹'과 '찍먹'의 불꽃 튀는 대립처럼. 탕수육 위에 소스를 부어버리면 찍먹이 불가능하듯, 서로 충돌하는 관계여야 한다는 이야기다.* 가장 널리 쓰이는 예시는 수녀와 어머니다. 한 여성이 종교에 귀의하여 수녀의 삶을 사는 것과 가정을 꾸리고 어머니의 삶을 사는 것. 이 둘은 동시에 이루어질 수는 없지만 둘 중 어느 하나의 삶이 특별히 중요하고 고귀한가를 두고 우열을 가릴 수는 없다.

가치 다원주의는 가치 상대주의와는 다르다. 모든 가치를 그저 동등하게 보는 것이 상대주의라면, 그 동등한 중요성을 가진 가치들이 고루 존중받아야 한다는 것이 다원주의다. 밑줄을 평등(상대주의)에 긋느냐 존중(다원주의)에 긋느냐의 차이라고 볼 수 있겠다. 가치 다원주의에는 그것이 '가치'여야 하고 '존중'받아야 하기 때문에 인간의 핵심적인 부분을 침해하지 않아야 한다는 최소한의 커트라인이 있다. 그저 한없이 모든 것을 포용하는 부드럽고 말랑말랑한 주의가 아니라는 얘기다. 그러므로 파시즘이나 테러리즘 같은 극단적인 주장은 다원성이라는 이름으로 포용되지 않는다. 시선과 생각이 사방으로 뻗어나가되 건강하고 조화를 이룰 만한 것이어야 한다.

■ 그러나 부먹이냐 찍먹이냐 고민할 시간에 하나라도 더 먹으라는, 실로 무릎을 탁 치게 만드는 지혜로운 말씀으로 수렴하도록 하자.

| 시선이 마주친다는 것 |

가치 다원주의는 우리가 삶을 사는 데 꼭 필요한 것이지만 현실적으로는 그 커트라인을 정하는 것이 쉽지 않은 데다 너도 옳고 나도 옳다는 양시론兩是論으로 가기 쉽다. 거기서 한 발 더 나가면 우리는 영원히 서로를 이해할 수 없다는 불가지론不可知論으로 가기도 한다. 그래서 다른 시선, 다른 원근법으로도 왠지 모를 조화를 이루고 있어 뭉클한 느낌을 주는 이 책거리 그림이 나는 마음에 들었던 것이다. 다른 곳을 보면서도 한데 모여 아름다울 수 있는 우리.

세상에는 아름다운 단어들이 많이 있다. 사랑, 꿈, 자유, 빛, 믿음, 꽃, 냉면…. 세상의 많은 말 중에 내가 가장 아름답다고 생각하는 단어는 '공감'이다. 너와 나의 마음이 맞닿는 그 순간, 'ditto'. 비록 너와 나는 완전히 다른 사람이고 우리의 생각이 다를지라도 마음의 온도는 비슷하다는 것. 그리고 그 마음이 가끔은 맞닿을 수 있다는 것.

웃으며 시선을 마주친다는 것은 참 뭉클한 일이다. 우리들 각자는 책거리 그림 속 사물들처럼 서로 다른 시선, 서로 다른 눈높이를 가졌기 때문이다. 한국 사회는 낯선 사람들끼리 시선을 잘 교환하지 않는 사회지만, 타국살이가 오래된 나는 이국의 거리에서 낯선 사람이 나를 보고 웃어줄 때마다 마음이 뭉클하고 행복이 찰랑거리는 느낌을 받는다. 특히 처음 보는 아이가 동양인이라고 신기해하지 않고 나를 향해 눈이 없어지도록 웃어줄 때면 마음속에 등불이 하나 켜지고 원자력 에

마르크 샤갈, <나와 마을>, 1911

너지의 힘이 솟는다.[*] 내가 몹시 중요하니 너는 찌그러져 있으라는 사람과는 눈을 맞추기 어렵다. 그런 사람과는 테트리스처럼 이리저리 서로를 끼워 맞춰 문제를 해결해내고서 러시아 민요에 맞춰 같이 춤을 출 수가 없다. 내가 옳고 나머지는 다 틀렸다는 사람만 있다면 우리는 그림처럼 인류의 지성을 차곡차곡 쌓아 널리 이로운 곳에 쓰지 못한다. 그런 사람들은 쌓여 있는 책들 속에서 기어코 맘에 안 드는 책을 빼내느라 책 무더기를 와르르 무너뜨릴 것이다. 눈높이도 관점도 다르지만 우리는 가끔 샤갈Marc Chagall의 그림처럼 보일락 말락 한 끈을 잡고 시선을 맞추며 웃는다. 〈나와 마을I and the Village〉이라는 그림을 가만히 들여다보면 시선의 마주침을 강조하기 위해 눈과 눈 사이에 그려 넣은 흐릿한 선이 보인다. 비록 흐릿했어도 미술관의 다양한 그림 속 그 어느 또렷한 선보다 내 마음을 또렷하게 끈 선이다. 우리가 그렇게 상대의 눈을 보며 그리는 투명한 선들이 그물처럼 세상을 덮으면 이 세상은 좀 더 아름답고 포근한 곳이 되지 않을까. 세상은 그렇게 우리 시선의 방향과 높낮이가 다양해서 더 아름답다고 믿는다.

■ 원전에 반대하는 입장이지만 메칸더 브이 세대라 어쩔 수 없이 자동적으로 나오는 비유임을 밝힌다. 만화의 주제가는 서울대 원자력공학과의 과가로 불리기도 했다.

4.

빨간 사과에 대한
서로 다른
욕망

인간은 왜
사회와 국가를
만드는가

여러분은 '사과' 하면 무슨 사과가 떠오르시는지. 세상에는 유명한 사과들이 많다. 신학자에게 가장 의미 있는 사과는 이브가 따 먹은 사과일 테고, 과학자에겐 당장 뉴턴의 사과가 머릿속에서 만유인력의 법칙을 받아 뚝 떨어질 것이다. 사회 변혁에 관심이 많은 분이라면 빌헬름 텔이 쏘아 맞힌 사과 한 알을 가슴에 품고 계실지 모르겠고, 4차 산업 혁명이라는 새로운 용어에 주파수를 맞춰두셨다면 컴퓨터나 휴대폰에 박힌, 한입 베어 먹은 사과 로고가 떠오르지 않을까. 미술을 좋아하는 분이라면 사과 하나로 파리Paris를 놀라게 하겠다던 세잔이 무수히 그렸던 사과들이나 마그리트의 그림 속 양복 입은 신사 얼굴에 위치한 연둣빛 사과가 떠오를지도. 우리 집 꼬맹이들에게 물어보면 "백설공주!" 하면서 당장 부엌에 사과가 남았나 살펴보러 갈 것 같다.

나에게 그간 최고의 사과는 《빨간 머리 앤》에 나왔던 야생 사과였다. ▪ 앤과 길버트가 대학으로 떠나기 전날 둘이서 산책을 하는데, 길버트가 보여줄 것이 있다면서 도깨비 숲을 헤매다가 예전에 봐뒀던 사과나무를 찾는다. 소나무와 너도밤나무 사이에서 홀로 꿋꿋하게 서 있던 사과나무다. 봄에 꽃이 만발했던 걸 보았기에 가을에 열매가 열리는지 확인해보려고 했다면서 길버트가 높이 올라가 따서 건넨 사과. 그 사과가 묘사된 부분을 읽으면서 나는 입에 고이는 침을 주체할 수 없었다. 황갈색 바탕에 뺨이 붉게 물든 사과였고 껍질을 베어 물면 희미하게 팥죽색으로 줄이 간 눈부시게 흰 과육이 들어 있었다고 했었나. 어쨌든 과수원에서 자란 사과와는 다른 맛이었다고 했다. 사과 본연의 맛에 야생의 열매가 주는 감각적인 새콤함이 더해져 앤은 에덴동산의 그 치명적인 사과도 이 맛을 따라오지 못했을 거라며 만족한다. 사과보다 수박파, 복숭아파인 나에게는 현실 사과보다 앤이 먹은 이 사과가 세상 최고의 사과였다. 사과 하면 앤이었다.

그러다가 정치철학을 전공으로 하면서 내 마음속 사과의 대표주자가 바뀌었다. 내일 지구가 멸망하더라도 오늘 한 그루의 사과나무를 심

▪ 《빨간 머리 앤》에는 사과가 중요한 소재로 자주 등장하는데, 앤이 '기쁨의 하얀 길'이라고 이름 붙인 눈부신 꽃길도 사과꽃이 만발한 길이다. 앤이 초록색 지붕 집에 오기 전, 린드 부인이 식탁을 보니 야생 사과로 만든 잼이 놓여 있어서 그리 대단한 손님은 아니라고 생각하는 장면에도 사과가 쓰인다. 열매가 작고 시어 별 가치가 없는 야생 사과로 만든 잼이므로 귀한 손님을 맞을 때 사용하는 음식은 아니었던 셈이고, 당시 앤의 처지를 대변하는 적절한 소재로 쓰인 것이다.

겠다던 그분이냐. 아니다. 나는 내일 지구가 멸망하는데 사과를 파이팅 넘치게 튀겨 먹었으면 먹었지 경건히 사과나무를 심을 타입의 인간은 아니다. 이제 나에게 사과라고 하면 영국의 철학자 토머스 홉스가 가장 먼저 떠오른다. 홉스 그 양반이 사과를 즐겨 드셨는지는 몰라도 사실 홉스와 사과는 아무 관련이 없다. 나에게 '사과 하면 홉스'인 것은 단지 내가 홉스의 사회계약론을 배울 때 자연 상태state of nature의 개념을 사과로 배웠기 때문이다. 여기서는 그렇게 파악한 개념들을, 사과를 그린 작품 두 점을 보며 풀어보겠다.

| 두 개 의 사 과 그 림 |

근대 서양철학에서 자연 상태를 논한 철학자로는 크게 홉스, 로크 John Locke, 루소Jean-Jacques Rousseau를 꼽는다. 세 철학자 모두 자연 상태에 대한 견해가 조금씩 달랐고 그 결과로 맺게 되는 사회계약social contract 역시 각각 다른 성질을 지닌다.

자연 상태는 가상의 상태다. 인류가 살았던 실제 역사의 한 부분을 슥슥 오려낸 게 아니라는 얘기다. 그냥 머릿속으로 어떤 실험을 해보는 거라고 생각하면 된다. 왜 이런 실험을 하냐면 인간들이 어떻게 사회를 구성하고 정치공동체를 만들게 되었는지 궁금하기 때문이다. 요약하자 면 문명 이전의 상태, 정치공동체가 만들어지기 이전의 상태를 가정함 으로써 인간들이 어떻게 서로 모여 사회와 국가를 구성하는지를 추론해

호세 에스코페Jose Escofet,
<사과나무와 크로커스Apple Tree with Crocuses>, 1996

톰 시에라크Tom Sierak, <빨간 모자Little Red>, 1994

보기 위해 머릿속에서 가상으로 만드는 개념, 이것이 바로 자연 상태다.

먼저 사과 그림 두 점을 보자. 두 그림이 굉장히 다른 느낌으로 와 닿는다면 좋겠다. 내 생각에는 두 작품의 대비가 바로 홉스와 로크가 말하는 자연 상태의 차이를 직관적으로 드러내기 때문이다.

먼저 왼쪽, 칠흑 같은 어둠 속 탐스러운 사과나무. 아직 사과를 건드린 사람은 없는 듯하다. 홉스의 자연 상태에 놓인 사과나무는 어쩐지 이런 느낌일 것 같다. 내가 먼저 따 먹고 싶은 굉장히 탐스럽고 유혹적인 재화라는 점, 그리고 검게 칠한 배경에서 왠지 불안과 공포가 느껴진다는 점이 홉스를 떠올리게 한다. 반대로 오른쪽, 전체적으로 밝은 분위기 속에서 사과를 따서 바구니에 담고 있는 작은 어린아이. 바닥에는 잘 익은 사과들이 굴러다니고 있다. 이렇게 풍부한 재화와 평화로운 수확의 모습을 보고 있자면 로크의 자연 상태가 떠오른다. 로크의 자연 상태에 놓인 사과나무라면 딱 이런 느낌일 것 같다. 대체 홉스와 로크의 자연 상태가 어떻길래 느낌이 확연히 다른 저 그림들 같다는 걸까.

| 홉스의 자연 상태 |

홉스가《리바이어던》에서 그리고 있는 자연 상태는 널리 알려진 대로 '만인의 만인에 대한 투쟁' 상태다. 왜 홉스의 자연 상태는 이런 전쟁 같은 상황이 되는 걸까. 쉽게 말하자면 이렇다. 어떤 들판에 사과나무가 서 있고 잘 익은 사과가 주렁주렁 열려 있는데 근처를 어슬렁거리는 원시인이 다섯 명 있다고 치자. 사과를 냠냠 먹었더니 맛있다. 오늘은 하나 먹으면 족하지만 내일도 또 먹고 싶다. 그런데 다른 놈들이 다 먹어치울까 봐 불안하다. 내가 다른 놈들을 때려눕히고 동굴에다 그득그득 쌓아두면 좋겠는데 문제는 다른 놈들도 다 그리 생각한다는 것이다. 그러므로 이런 상황에서는 '선빵'을 날리는 게 최고다. 그러다 보니 틈만 나면 서로 쥐어뜯고 싸우는 전쟁 같은 상황이 만들어지는 것이다.

각각의 단계를 실제 홉스가 사용했던 용어를 써서 조금 더 깊이 들어가보면 다음과 같다. 우선 홉스는 모든 인간이 신체와 정신 능력에 있어서 평등하다고 생각했다. 조금 더 힘이 세거나 조금 더 똑똑한 사람이 있을 수는 있지만, 아무리 약한 사람이라도 누굴 죽이기에는 충분한 힘과 지능을 가지고 있다고 보았기 때문이다. 즉 아널드 슈워제네거도 아인슈타인도 이진민도 다 똑같다는 것이다. 아무리 힘이 약한 노예 소녀라도 근육이 식빵처럼 부푼 장군이 술 취해 잠든 사이에 칼을 꽂거나, 아니면 일어나서 마실 물에 독을 타놓을 수 있는 것이다. 이를 홉스의 용어로 '능력의 평등equality of ability'이라고 한다. 이런 '능력의 평등'에서, 재화에 대한 '희망의 평등equality of hope'이 생긴다. 모두 비슷한 능력을 갖고 있기 때문에 다섯 명 모두 저 탐나는 사과를 내가 따 먹을 수 있다는 희망을 평등하게 갖게 된다. 그러면 이 희망의 평등에서 경쟁이, 경쟁에서 불신이 파생된다. 능력이 비슷하니까 누군가 나를 죽을 만큼 흠씬 두드려 패고는 저 사과를 차지할 수 있다. 그래서 홉스의 자연 상태에는 두려움이 팽배하다. 이렇게 자신의 안위와 생명이 위협받

4. 빨간 사과에 대한 서로 다른 욕망

는 상황에서 가장 합리적인 선택은 내가 먼저 상대를 공격하는 것, 즉 선제공격pre-emptive strike을 날리는 것이다. 결국 다섯 명 모두 서로 선제공격을 먹이려고 호시탐탐 기회를 노리게 되는데 이 상황이 바로 그 유명한 만인의 만인에 대한 투쟁이다. 홉스의 자연 상태는 '평등으로 인한 경쟁과 불신, 그로 인해 만연한 공포와 서로 간의 투쟁'으로 요약된다. 그래서 홉스는 자연 상태에서의 인간의 삶에 온갖 종류의 암울한 형용사를 다 갖다 붙인다. 고독하고, 배고프고, 불행하고, 추잡하고, 거칠고, 야만적이고, 무병장수는 꿈도 못 꾸는 짧은 삶. 누구나 이런 삶을 살기 싫다. 그래서 사회계약이란 걸 하게 되는 것이다.

홉스는 흔히 성악설의 대표자로 알려져 있는데 오해다. 그저 결론이 아름답지 못할 뿐이다. 길거리에서 서로 싸우려 드는 모습만 보고 원래부터 나쁜 사람들이라고 판단할 수는 없듯이. 성악설은 사람의 천부적 본성이 악하다는 것인데 홉스의 철학에서 사람은 타고난 본성이 악한 게 아니다. '악한 인간'이 아니라 '두려운 인간'이다. 지나가는 사람의 뒤통수를 먼저 치면 기분이 좋을 것 같아서 그러는 게 아니라, 공포가 만연한 상황에서 이를 타개하고자 합리적으로 사고해본 결과 내가 저놈들의 뒤통수를 먼저 치는 것이 나 자신이 사는 길이라는 결론이 나오기 때문에 선빵˙을 날리는 것이다.

■ '경험적으로 맛있는 프랜시스 베이컨'이란 제품이 출시되면 좋겠다고 생각하듯이 선빵이라는 빵도 나오면 좋겠다. 내 미각에 선제공격을 가하는 맛.

그래서 〈사과나무와 크로커스〉 그림을 보면 홉스의 자연 상태가 생각난다. 탐스러운 사과를 바라보며 서로 눈치를 보는 원시인들의 치열한 시선이 느껴지는 것 같고, 그들 사이의 팽팽한 긴장감도 덩달아 전해지는 것 같다. 검은 바탕에 놓인 사물은 그게 무엇이든 그 본연의 색이 더욱 또렷이 빛나게 마련이다. 그렇게 원시인들 사이에 만연한 두려움 속에서 재화를 향한 욕망은 더욱 뚜렷한 빛으로 도드라진다. 이렇게 홉스의 자연 상태는 불신과 적개심이 팽배해 있어 야만적이고 불행한 곳이다. 죽기 전까지 끊임없이 지속되는 불안과 공포 때문에 인간이라면 누구나 여기에서 벗어나고 싶은 마음이 드는 곳이다. 리바이어던이라는 힘센 분이 나타나 저 검은빛을 거두어줘야 발 뻗고 잘 수 있으므로, 사과를 사랑하는 원시인들은 모두의 동의하에 공동체를 만들고 사과를 평화적으로 따 먹을 수 있도록 법을 만든다. 그 법이 잘 지켜질 수 있도록 눈을 부라리는 것이 바로 강력한 힘을 가진 리바이어던이다.

| 로크의 자연 상태 |

한편 홉스보다 수십 년 뒤에 태어나 약 50년간 같은 영국의 공기를 호흡했던 로크는 자연 상태가 이 정도로 불행하다고는 생각하지 않았다. 로크의《시민정부론》에 그려지는 자연 상태를 보면 인간들은 서로 적절한 선을 지키면서 꽤 평화롭게 공존한다.

사과가 먹고 싶은 다섯 명의 원시인들에게 다시 돌아가보자. 로크

4. 빨간 사과에 대한 서로 다른 욕망

는 신이 인간들에게 충분한 양을 주셨기 때문에 자연 상태에는 재화가 충분하다고 생각했다. 들판에 사과나무는 널려 있다. 내가 양껏 따 먹어도 저기 돌아다니는 네 명이 또 먹을 만큼 충분한 양이 남는 것이다. 남들이 전혀 먹지 못하게 사과나무를 몽땅 불태운다든가 베어버린다든가 하는 미친 짓만 하지 않으면 된다. 이 원시인들은 남이 애써 나무 위에 올라가 힘들게 딴 사과를 빼앗지도 않는다. 적절한 선에서 서로에게 충분한 양을 남겨주고 맛있게 사과를 따 먹어가며 공존한다. 두 철학자가 그리는 자연 상태의 모습이 굉장히 다르다. 왜일까.

둘의 생각은 기본적으로 두 가지 측면에서 큰 차이가 있다. 첫 번째 차이는 인간 욕망의 이해에 있다. 홉스의 원시인은 일단 내가 오늘 사과를 충분히 먹는다고 해서 내일도 양껏 먹으리라는 보장이 없기 때문에 내일의 몫이 없을까 봐 불안하다. 이렇게 홉스의 인간형에는 시간개념이 중요한 역할을 하고, 그래서 미래를 알 수 없는 인간은 늘 불안하고 두렵다. 이는 원인 모를 비합리적 감정이 아니라 합리적 사고에서 나오는 불안과 공포다. 게다가 홉스의 원시인은 여기서 그치지 않고 욕망을 더 발전시킨다. 달콤한 캐러멜이나 초콜릿, 설탕 시럽 같은 것으로 코팅된 사과를 맛보면 이 원시인은 이제 더 달달하니 맛있는 이 새로운 재화를 확보하려는 욕망에 사로잡힌다. 거기에 고소하게 다진 견과류라도 묻혀보자. 더 업그레이드된 새로운 사과를 향한 욕망에 활활 불타게 될 것이다.

과일에 그런 짓 하지 마라, 나는 과일은 그대로가 가장 맛있다는 주의라서 공감이 어렵다. 한다면 마실 것을 예로 들어보자. 원래는 충분한 물을 확보하는 것이 관건이었던 원시인이 어느 날 맹물 대신 주스나 홍차를 맛보았다고 하자. 어디서 뚝 떨어졌는지 모르겠지만 어쨌든 다음으로는 와인과 샴페인에 맛을 들였다고도 해보자.[*] 홉스에 따르면 이 원시인은 물보다는 달콤하고 향긋한 맛이 느껴지는 주스와 홍차, 그보다는 마시면 기분까지 알딸딸하게 좋아지는 와인과 샴페인, 이렇게 점차 고급 음료를 선호하게 된다. 인간은 이렇게 늘 보다 나은 것을 소유하고 싶어 하기 때문에 죽기 직전까지 이 욕망과 여기서 파생되는 불안 및 두려움으로 아무리 근처에 맑은 물이 흐르고 들판에 사과가 충분하더라도 삶이 괴롭다. 또 이런 욕망으로 인해 충분한 양, 만족할 만한 재화의 상태란 없으므로 끊임없이 서로 싸우게 된다. 반면에 로크는 인간의 욕망을 이런 식의 심층적이고 적나라한 것으로 생각하지 않았고, 그래서 세상에는 풍요로움이 있다고 믿었던 것이다.

두 번째 차이는 홉스와 로크가 생각하는 자연법 개념의 차이에 있다. 두 철학자는 모두 자연 상태 안에 인간이 따라야 할 자연적 규범이 있다고 생각했다. 홉스의 자연법은 단 하나, '자기 자신의 보존self-preservation'이다. 나 자신을 보존하고 보호하는 것이 최고의 법칙이기 때문에 선제공격도 정당하고, 남이 애써 따놓은 사과를 배고픈 내가 빼

▪ 공동체가 있기도 전에 이런 사치품을 만들 수 있었을까. 다음 글에 나올 루소는 바로 이 부분을 지적하게 된다.

4. 빨간 사과에 대한 서로 다른 욕망

앗아 먹는 것쯤은 일도 아니다. 반면 로크의 자연법은 이성의 목소리이자 신의 목소리다. 로크의 자연법은 나 자신을 보존하고, 내가 위태롭지 않다면 능력이 닿는 범위에서 타인의 삶도 보존하라고 한다. 〔나 자신의 보존〕+〔괜찮으면 남도 보존〕'이라는 공식이다.

특히 다른 사람의 소유권에 위해를 가해선 안 되는데, 로크가 말하는 소유권이란 생명과 자유와 재산life, liberty and estate을 모두 포함하는 넓은 개념이다.▪ 따라서 로크의 자연 상태에서는 타인의 생명, 자유, 재산을 침해해서는 안 된다. 들판에 사과는 널려 있지만 내가 나의 노동으로 사과를 거두어들였다면 이 사과는 내 노동만큼 가치가 올라갔고 나의 사적 소유물이 된다. 이렇게 노동으로 가치를 올려놓은 타인의 소유물, 즉 남이 애써 수확해놓은 사과 바구니를 들고 즐겁게 와하하 도망가서는 안 된다.

〈빨간 모자〉 그림을 다시 보면 로크의 자연 상태엔 이렇게 재화가 풍부하게 넘쳐난다. 바닥에 데굴데굴 굴러다니면서 사과가 썩어나는 것이 포인트다. 게다가 앞서 본 그림에서 느껴지는 긴장감 같은 것이 없다. 누가 미친 듯이 뛰어와 선빵을 날리고 저렇게 따 모은 사과를 들고 튈 것 같은 느낌이 없다. 아이의 부지런한 노동으로 소유권이 생겼으므로 아무리 연약한 어린아이의 것이라도 고사리 같은 손으로 채운

▪ 미국 독립선언문에 등장하는 "생명과 자유와 행복의 추구life, liberty and the pursuit of happiness"라는 유명한 구절은 바로 로크의 이 소유권 개념에서 왔다는 것이 꽤 정평 있는 설이다.

저 바구니를 함부로 빼앗으면 안 된다.

| 우리는 왜 국가와 사회를 만들었을까 |

앞서, 자연 상태는 공동체가 어떻게 만들어지는지 추론하기 위해 관념적으로 고안한 실험이라고 했다. 홉스의 경우 자연 상태는 불행하고 서로에게 위협적인 상황, 그래서 벗어나고 싶은 상황이다. 반면 로크는 좀 불편한 감은 있지만 그럭저럭 만족하고 살 수도 있는 상황이다. 그렇다면 이런 상황에서 인간들은 왜 정치공동체를 구성하게 되는 것일까.

홉스의 자연 상태는 미치고 팔짝 뛸 것 같은 전쟁 상황이다. 이렇게 다 죽게 생긴 상황에서 벗어날 수 있는 방법은 뭘까. 모두 쌈박질을 멈추고 한 사람 말을 듣는 것이다. 힘센 심판 한 명을 뽑아서, 우리 모두 당신 말을 들을 테니 아무도 죽지 않도록 싸움을 중재해달라고 부탁하는 것이다. 즉 개개인이 가진 사적 판단의 권리를 모두 모아 절대적 힘과 권위를 가진 자에게 양도하고, 그 사람의 절대적인 통치 아래 우리는 상대적으로 좀 평화롭게 살아보자는 것이 홉스가 보는 시민사회로의 이행, 즉 정치공동체의 시작이다. 이렇게 개인이 가진 판단의 권리를 모두 흡수하여 만들어진 괴물 '리바이어던'이 바로 국가이고, 저 집합적 양도의 행위를 '사회계약'이라 표현한다. 내가 가진 사적 판단의 권리를 전부 양도할 테니 그 대가로 내 목숨을 지켜달라는 것이 이 계

4. 빨간 사과에 대한 서로 다른 욕망

약의 포인트다.

환 공포증이 있는 사람이라면 멀리하고 싶을 듯한 이 그림은 《리바이어던》의 표지 그림인데, 홉스가 말하는 사회계약의 의미를 시각적으로 잘 표현하고 있다. 저 거인처럼 보이는 인물이 국가다. 머리에는 왕관을 쓰고 한 손에는 세속적 힘을 상징하는 칼, 다른 손에는 종교적 권위를 상징하는 지팡이를 들었다. 홉스의 시대는 종교를 이유로 한 내전 때문에 무수한 사람이 피 흘리던 시대였다. 그야말로 만인의 만인에 대한 투쟁 상태였다. 이 인격화된 리바이어던은 칼과 지팡이를 듦으로써,

세속과 종교 양쪽에서 최종적 권위를 지닌 크고 두려운 모습으로 그 아래 그려진 인간들의 공동체를 주관하고 있다. 징그러워 죽겠지만 자세히 들여다보면 사람 한 명 한 명이 모두 모여 이 군주의 몸을 구성하고 있다. 즉 시민들이 모두 모여서 맺은 이 계약이 아니면 국가는 탄생할 수도, 움직여 힘을 행사할 수도 없는 것이다.

그러면 로크의 경우는 꽤 살 만한데 뭐 하러 사회계약을 맺고 공동체를 만들까? 살 만은 한데 좀 불편하기 때문이다. 로크는 신의 목소리인 자연법 자체는 완전하지만 그것을 적용하는 인간들의 불완전함으로 인해 종종 문제가 생긴다고 생각했다. 사람이 다른 사람의 일에는 객관적일 수 있지만 막상 내가 당하면 복수심에 눈이 멀어 과도하게 날뛰다 혼란을 초래할 수 있다는 것이다. 이러다 소중한 사과나무에 불을 질러 버리는 인간, 사과 하나 빼앗았다고 상대를 죽을 만큼 때리는 인간도 나타날 수 있다. 따라서 로크의 인간들은 자의적으로 행하던 처벌권을 넘기고 정부가 공정하게 소유권, 즉 생명과 신체와 재산을 보호할 수 있게 집행능력을 주기로 하는 계약을 맺는다.

로크의 경우에는 계약을 두 번 맺는다는 점double contract theory이 특이한데, 우선 자연 상태에서 "시민사회를 만들자"라고 만장일치로 결정하는 계약 하나, 그리고 나서 "정부를 만들자"라고 다수결로 정하는 계약이 또 하나 있다. 첫 번째 계약의 결과는 시민사회이며 이는 만장일치로 이루어지고, 두 번째 계약의 결과로는 정부가 성립되는데 이는 다수결로 이루어진다. 이 두 번의 계약이 의미 있는 이유는 두 계약의 사이에서 저항권의 개념적 공간이 확보될 수 있기 때문이다. 홉스의 경우에는 단 한 번의 계약을 맺기 때문에 국가가 무너지면 바로 무시무시한 자연 상태로 간다. 하지만 로크의 구성에서는 정부가 무너지더라도 바로 무질서한 자연 상태로 가는 것이 아니라 단지 시민사회로 가는 것일 뿐이기 때문에, 정부가 일을 영 제대로 못한다 싶으면 사람들은 언제든 자신들의 동의를 거둬들일 수 있다. 그러므로 로크의 이야기에서는 아주 중요하게, 저항권이라는 개념이 성립하는 것이다.[*]

요약하자면 홉스의 원시인들이 이대로 살다간 다 죽을 것 같아서 사회계약을 맺는 데 반해, 로크의 원시인들은 살다 보면 다툴 수도 있고 해서 사회계약을 맺는다. 홉스의 정부가 갑옷 입고 창칼을 든 무서운 염라대왕 같은 느낌이라면, 로크의 정부는 삐걱거리는 곳에 윤활유 스프레이를 촘촘 뿌려주는 양복 입은 공무원 같은 느낌이다. 한 가지 오해하지 말아야 할 것은, 홉스의 리바이어던이 모든 힘을 틀어쥐고 공포정치를 하는 왕이라기보다는 최고의 권위를 가진 판결을 내리는 헌법재판소에 가까운 개념이라는 것. 그래서 홉스와 로크의 정치공동체는 그 성격이 매우 다르다. 홉스는 최고의 권위를 갖고 '판단하는 거대한 주권'이고, 로크는 불편을 해소하기 위해 '행정을 담당하는 작은 주권'이다.

- 우리 헌법 전문에도 "불의에 항거한 4·19 민주이념을 계승하고"라는 표현으로 저항권을 명시하고 있다.

홉스는 모든 정치권력은 시민들의 자발적 동의에서 나오며 그것이 성공적이기 위해서는 절대권력일 수밖에 없다고 했다. 로크는 모든 정치권력이 자발적 동의에서 기인하는 건 맞지만 그 권력은 제한적일 수밖에 없다고 했다. 둘 중 어느 하나가 옳다기보다는 인간을 바라보고 세상을 이해하는 관점의 차이라고 생각한다. 홉스는 홉스 나름대로, 로크는 로크 나름대로 정치철학에 지대한 공헌을 했다. 홉스는 다원주의, 정치권력의 기반으로서 동의의 중요성, 인간의 욕망과 공포에 대한 이해, 근대적 자유의 개념 등을, 로크는 저항권, 재산권과 그에 기반한 참정권 같은 굵직굵직한 주제들을 우리에게 던져줬다. '다른 건 몰라도 홉스와 자유라니, 지켜야 할 법이 생겼고 무서운 리바이어던이 있는데 자유?'라고 생각하는 분이 있다면, 차선도 신호등도 없이 어디서 차가 튀어나올지 모르는 카오스 같은 도로와, 도로교통법과 교통경찰이 있어 물 흐르듯 소통이 원활한 도로 중에서 어느 쪽이 우리에게 보다 큰 자유와 편익을 주는지 생각해보시면 도움이 될 것 같다.

다음 글에서는 이어서 루소의 자연 상태를 떠올리게 하는 그림들을 소개하도록 하겠다.

4. 빨간 사과에 대한 서로 다른 욕망

5.

공작새와
오리의 서열은
누가 정하나

**허영심과 불평등,
그리고
법률**

루소의 자연 상태는 홀딱 벗은 두 아저씨, 그리고 새들이 잔뜩 그려진 그림으로 풀어볼까 한다. 먼저 파울 클레Paul Klee의 작품이다.

이 작품을 처음 봤을 때 곧바로 홉스의 《리바이어던》에 어울리는 작품이라고 생각했다. 벌거벗은 두 원시인이 서로 덤벼들어 싸우려는 건가 싶어 《리바이어던》의 유명한 구절 '만인의 만인에 대한 투쟁'이 떠올랐기 때문이다. 나무도 집도 건물도 없는, 즉 문명의 손길이 보이지 않고 재화도 부족한 황무지를 배경으로 하고 있어서 더 그렇게 보였다. 하지만 자세히 들여다보니 이상했다. 주먹을 날리려는 게 아니라 손끝을 모아 우아하게 팔을 굽히고 있고, 둘이 오묘한 표정으로 실실 웃고 있기도 하다. 오른쪽 사람은 상대를 보는 눈길이며 다문 입이 꼭 압수당한 핸드폰을 돌려받고 싶은 아이처럼 능청스러워 보인다. 왼쪽 사람

파울 클레, <상대의 지위가 더 높다고 믿는 두 사람의 만남
Two Men Meet, Each Believing the Other to be of Higher Rank>, 1903

은 보면 볼수록 빠져드는 표정을 하고 있다. 입은 브이자로 웃고 있는
데 눈은 마주치기 싫은지 눈알이 좌우로 날아가는 중. 브이자 각도로
희한하게 뜨고 있는 눈을 보다가 그 밑으로 허공에 뻗은 건 날렵한 콧
수염이라는 사실을 알게 되었다. 그러고 보니 오른쪽에서 복슬복슬한
털을 자랑하는 원시인은 수염이 참 희한한 모양으로 다듬어져 있다.

잠깐, 수염을 다듬었다고? 그렇다. 이들의 수염은 내게 반전을 주
는 결정적 힌트였다. 이 사람들은 머리털과 수염을 덥수룩하게 놔둘 수
밖에 없었던 원시인이 아니다. 문명의 세례를 받은 인간들, 즉 가위나
칼로 수염과 머리를 정성 들여 손질하는 인간들인데 어쩌다 벌거벗고
마주친 것이다. 작품 밑 제목을 보니 확실했다. 두 사람이 만났는데 상

대의 지위가 더 높다고 믿고 어색한 웃음, 야릇한 표정을 지으며 공손하게 허리 굽혀 절을 하는 모습이었던 거다. 서로 아무것도 걸치지 않은 알몸이니 앞에 있는 사람이 누더기를 벗은 건지 화려한 비단옷을 벗은 건지 알 턱이 있나. 그러니 일단 숙이고 본다. 인간 문명, 신분과 계급, 그리고 그와 관련한 인간의 비굴한 모습. 홉스의 《리바이어던》이 아니었다. 단번에 루소의 《인간 불평등 기원론》에 관련된 그림으로 탈바꿈되는 순간이었다.

프러시아의 빌헬름 2세

사실 그림 속 인물들은 프러시아의 빌헬름 2세와 오스트리아의 프란츠 요제프 1세를 표현한 것이라고 한다. 인물이 훤하신 분들인데 클레가 의도적으로 약간 과장해 추하게 표현했다. 세상 가장 높은 곳에 위치한 사람도 힘과 권위 앞에 수그리는 모습은 이렇듯 추

오스트리아의 프란츠 요제프 1세

하다는 메시지를 주는 것인데, 보면 볼수록 루소의 논지와 찰떡처럼 잘 들어맞는다는 생각이 든다. 이 벌거벗은 두 인간의 만남이 왜 루소의

저작을 효과적으로 설명한다는 건지 한번 차근차근 살펴보도록 하자.

| 루소의 자연 상태 |

루소는 홉스와 로크가 자연 상태를 잘못 이해하고 있다고 생각했다. 자연 상태는 사회가 있어야만 가질 수 있는 능력을 하나하나 지워나갔을 때 남은 것만으로 재구성해야 하는데, 홉스와 로크의 자연 상태는 이미 그 안에 너무 많은 사회적 요소가 들어 있다는 것이다. 이미 발달된 언어도 있는 것 같고, 사람들은 반복해서 만나는 것 같기도 하고, 고급품의 재화, 즉 보석같이 예쁜 캔디드 애플과 어디선가 떨어진 와인 병도 있다. 더구나 음모와 계략을 짜려면, 다시 말해 노예 소녀가 장군님을 죽이려면 사실 그 이전에 많은 관계와 잦은 만남과 다양한 도구들이 필요한 것이다. 그래서 루소는 말한다. 자연 상태에는 언어도 없고 이성도 거의 발달하지 않은 미개인들, 루소가 '고귀한 야만인noble savage'이라고 부르는 인간들이 제각기 흩어져 혼자 살고 있을 뿐이라고. 이들은 자족적인 삶을 살고 있으며 홉스식의 투쟁(만인의 만인에 대한 투쟁)이나 로크식의 종족애(자연법) 같은 것은 아직 없다. 즉 이전 글에 언급된 다섯 원시인은 따로따로 멀리 흩어져 혼자 살기 때문에 아직 만나지도 않았다. 서로 싸울 일도, 친근감을 느낄 일도 없는 것이다.

이 야만인들은 아주 단순한 형태의 감정과 능력만 선보인다. 내적으로는 본능적인 자기애amour de soi, 그리고 이 내적 사랑이 외면으로 확장된 형태로서의 동정심을 갖고 있다. 여기에서 말하는 자기애는 나르시시즘 같은 그런 복잡한 자기애가 아니라 뜨거운 것에 닿으면 손을 움츠려 자신을 보호하는 아주 기초적인 수준의 자기애를 말한다. 사실 이 자기애와 동정심은 다른 동물들도 갖고 있는 성질이고 우리가 주목할 것은 따로 있다. 인간만이 가진 특별한 능력으로서 적응성 perfectability이라는 게 있다는 사실. 이 적응성 덕분에 야만인들의 본성은 좋은 방향으로도 안 좋은 방향으로도 변할 수 있다. 홉스와 로크의 철학에서는 인간 본성의 변화 가능성을 별로 고려하지 않지만 루소는 이 요소를 굉장히 중요하게 여긴다. 이 본성의 변화 가능성이 어떤 역할을 하는지는 후에 자세히 다룰 예정이다.

이렇게 자기애와 동정심, 적응성을 가진 자연 상태의 고귀한 야만인들에게는 '자연적, 신체적 불평등natural or physical inequality'이 있다. 우리는 모두 다르다. 키가 큰 사람, 작은 사람, 동그란 사람, 길쭉한 사람, 토실한 사람, 마른 사람, 시력이 남들보다 좋아서 사냥감을 더 잘 발견하는 사람과 그렇지 못한 사람, 남들보다 달리기가 빨라서 사과나 무까지 번개같이 뛰어가는 사람과 그렇지 못한 사람, 이렇게 자연적인 차이가 존재하는 것이다. 서장훈 씨와 한 학번 차이인 나는 어두운 밤에 연세대 동문 쪽 비탈길에서 그와 마주친 적이 있다. 딴생각을 하며 걷다가 허공에 쇼핑백이 둥둥 떠오르는 모습에 놀라 자빠질 뻔했다. 검은 옷을 입은 그가 쇼핑백을 팔꿈치 안쪽에 걸고 팔짱을 낀 채 걷는 중이었는데 어찌나 키가 큰지 쇼핑백이 거의 내 얼굴 높이에 있었던 것이다. 나를 놀라게 한 걸 알았는지 미안하다는 듯 멋쩍게 씩 웃던 얼굴. 뒤돌아 가슴을 쓸어내리면서 이런 키 차이면 저 사람과 나는 같은 인간 종족이 아닌 거 아닌가, 그런 생각을 했다. 이게 바로 루소가 말하는 자연적, 신체적 불평등이다.

이렇게 인간들은 불평등하게 각기 다른 조건을 갖고 산다. 이들이 흩어져서 자족적으로 살던 것이 루소의 자연 상태인데, 어떤 이유로 이 야만인들이 서로 만나 모여 살게 된다. 왜 모여 살게 되었는지에 대한 설명은 딱히 눈에 띄지 않는다. 인간들이 무슨 이유로 모여 살게 되는지에 더 관심이 있었던 홉스와 로크에 반해, 루소는 인간이 모여 살면 어떤 일이 일어나는가에 더 관심이 있었다. 그래서 인간들이 모여 살면 무슨 일이 일어날까. 루소에 따르면 불평등이 싹튼다. 우리 사회에 '엄친아' '엄친딸'이 있듯이 이 야만인들에게도 점차 그 털보네 예쁜 딸, 그 껑다리네 잘난 아들이 속속 등장하는 것이다. 루소는 앞서 나온 자연적, 신체적 불평등이 도덕적, 정치적 불평등moral or political inequality으로 변하면서 인간들 사이에 계급이 생기고, 고독하지만 자유롭고 평등했던 고귀한 야만인들이 자유를 잃고 불행해진다고 생각했다.

도덕적 불평등이란 무엇일까. 앞서 제시했던 사례, 남보다 눈이 좋아 사슴이며 토끼를 더 잘 찾고, 사과나무까지 더 빨리 뛰어가는 야만인들 이야기로 돌아가보자. 자연적, 신체적 불평등은 그냥 "저 친구는 나보다 빨리 뛴다"에서 그치는 것이다. 그런데 이것이 도덕적 불평등으로 넘어가면 "저 친구가 나보다 빨리 뛰기 때문에 더 멋있고 훌륭하다" 로 바뀐다. 나보다 더 월등한 인간이 되고 부러움의 대상이 되는 것이다. 인간들이 모여 살면 신체적 차이와 능력의 차이가 눈에 확연히 띄게 된다. 오징어가 혼자 너울너울 바다에서 춤추고 있으면 그런가 보다 하지만 여럿이 모여 있으면 아무래도 더 눈매가 선하고 피부가 도자기 같이 매끈한 오징어가 예뻐 보인달까. 그러면 모두의 마음속에 남보다 돋보이고 싶고 인정받고 싶은 욕망이 공통적으로 생겨난다. 이것이 루소가 말하는 '허영amour propre'인데, 자연 상태에서 순수하게 가졌던 자기애가 이렇게 사회 안에서 허영심으로 바뀌면서 인간의 불행이 시작된다.

| 백 개의 눈을 가진 공작새와 미운 오리 새끼 |

이 그림은 17세기 후반에 그려진 〈공작새와 오리들Peacocks and Ducks〉이라는 작품이다. 작가의 본래 의도를 명확히 짐작할 수는 없지만 '자연적으로 부여받은 신체적 차이가 다른 개체들과 비교되어 두드러지고 그로 인해 서열이 생기는 상황, 그리고 그와 함께 나타나는 허영심'이라는 루소의 주장을 기가 막히게 표현하고 있다.

그림 안에는 새들이 많이 보인다. 제비도, 비둘기도 있는 것 같고 저 뒤쪽에는 땅에 서 있는 새의 실루엣이 하나 더 보인다. 가장 두드러지는 것은 기둥 위에 올라앉은 공작새 두 마리, 그리고 그 밑에 자리한

멜키오르 돈데코테르Melchior d'Hondecoeter, <공작새와 오리들>, 1680년경

다수의 오리들이다. 저 뒤에 실루엣으로 보이는 새는 오리인지 공작인지 아니면 더욱 화려한 다른 새인지 잘 구별되지 않지만, 마치 루소의 고귀한 야만인이 흩어져 살 듯이 다른 새들로부터 좀 떨어져 있기 때문에 그 차이가 눈에 띄지 않는다. 하지만 상대적으로 서로 거리가 가까운 공작새와 오리들은 그 화려함의 차이가 눈에 띄게 드러난다.

가장 화려한 수컷 공작이 가장 높은 기둥 위에 올라가 고개를 한껏 치켜들고 소리를 지르며 자신의 아름다움을 뽐내고 있다. '공작새가 꼬리를 쫙 펴듯'이란 표현이 있을 만큼 자랑과 허영의 이미지로 각인된 공작새가 주인공이라는 점이 일단 의미심장하다. 옆에는 그보다는 화려함이 떨어지지만 역시 공작인 암컷이 한 단계 낮은 높이에서 머리를 아래로 수그리고 있다. 맨 아래 땅바닥에는 오리들이 무리 지어 있는데, 오른쪽에 보이는 오리 두 마리는 나도 저 위로 올라가고 싶다는 듯 암컷 공작을 바라보며 뭔가 이야기하는 듯하다. "여왕님, 다음번 무도회에는 즈이들도 좀 초대를…" 같은 대화를 말풍선에 넣어 붙이면 잘 들어맞을 느낌이랄까. 그림에 표현된 수직적 높낮이가 서열의 상징이라면 자연적으로 부여받은 신체적 화려함의 차이가 이 새들의 서열을 결정하고 있는 것이다. 인간 세상에서도 수수한 오리보다 화려한 공작이 훨씬 값이 나간다. 이렇게 자연적으로 부여받은 차이가 사회적으로 무엇인가 새로운 의미를 지닐 때, 이때가 바로 자연적 불평등이 사회적 불평등으로 바뀌는 순간이다.

허영심은 나에 대한 판단이 나의 내부로부터 오는 것이 아니라 나와 비교되는 타인들, 즉 외부로부터 온다는 점에서 우리를 더욱 괴롭게 한다. 연못에 오리가 그냥 한 마리 유유자적 있었다면 그 오리는 자유롭고 명랑했을지 모르나, 모여 있다 보니까 미운 오리 새끼가 되었다. 사실은 백조 새끼였는데 남들과 비교했기 때문에 자신이 못생겼다고 생각했고, 그런 백조 새끼를 동료 오리들은 못생겼다고 구박했던 것이다. 즉 새끼 오리(가 아니고 새끼 백조)는 남들 눈에 비친 자신의 모습을 보며 괴로워만 했지, 자신을 제대로 보고 사랑할 줄 아는 눈을 갖지 못했다.

그리스 신화를 보면 눈이 백 개 달린 거인 아르고스가 죽자 헤라가 아르고스의 눈 백 개를 자신이 아끼던 공작의 깃털에 붙여둔다. 그렇다고 해서 공작의 시력이 격하게 좋아지거나 뒤통수에서 일어나는 일을 볼 수 있지는 않았다. 공작의 깃털에서 보듯이 실제로 보지 못하는 눈은 그냥 장식일 뿐이다. 공작 꼬리에 달린 수많은 눈을 보면서 나는 공작이 왜 허영의 상징인지 새삼스레 깨닫는다. 진실된 것을 보지 못하는 죽은 눈을 가득 가진 공작은, 꼬리를 쫙 펼치고는 그 가짜 눈으로 자신을 바라보며 아름답다고 믿는다.

그런데 더 중요한 점은 보통 이런 허영심이 절대적 잣대보다는 관계적으로 구성되는 잣대를 기반으로 한다는 것이다. 절대평가가 아니고 상대평가다. 쉽게 표현하자면 이렇다. 눈 비비고 일어나 옹달샘에 물 마시러 온 토끼의 꼬랑지를 내가 열 셀 동안 뛰어가서 움켜잡을 수 있다는 게 중요한 게 아니라, 스물을 세든 서른을 세든 내 옆에서 같이 뛰는 삼식이보다만 빠르면 되는 것. 따라서 내 능력 자체보다는 상대와 나의 거리를 넓히는 것이 중요해진다. 내가 운동을 열심히 하고 근육을 키워서 저 친구보다 빨리 뛰든지, 아니면 저 삼식이 놈이 다리를 다쳐서 잘 못 뛰게 되든지 둘 중 하나면 된다. 그런데 내가 오랜 시간 노력을 들여 운동하는 것보다 삼식이 놈의 다리몽둥이가 부러지면 나로서는 훨씬 편하다. 따라서 루소는 이 허영심이 인간들로 하여금 타인에게 적극적 위해를 가할 충분한 이유를 제공한다고 본다. 결국은 홉스처럼 서로가 서로에게 주먹을 날리는 상황이 만들어지는 것이다. 홉스가 담백하게 모든 인간이 공통적으로 가진 공포를 기반으로 '만인의 만인에 대한 투쟁'을 구성했다면, 루소가 그리는 상황은 '가진 자와 못 가진 자 사이의 투쟁', 조금 더 발전시키자면 계급투쟁적인 성격이 있다. 어쨌든 루소는 이렇게 자신이 '초기 사회Nascent Society'라고 이름 붙인 상태에서 사람들이 서로에 대해 공격적인 태도를 가지게 되는 상황을 홉스가 자연 상태로 착각한 것이라고 보았다. 즉 홉스가 자연 상태와 시민 사회의 중간 단계에 있는 이 초기 사회를 자연 상태라고 잘못 이해했다는 것이다.

| 인간은 강제적으로 자유로워진다 |

홉스와 로크는 공통적으로 인간이 사회계약을 통해 보다 더 나은, 진보된 상태로 나아간다고 믿었다. 하지만 루소는 정반대로 인간들이 맺는 사회계약은 스스로 노예가 되겠다는 서명에 불과한, 더 나빠지는 상태로 가는 길이라고 생각했다. 인간들이 모여 살게 되면서 도덕적 불평등에 의해 가진 자와 못 가진 자로 나뉘었는데, 이런 상태에서 그냥 그대로 모여 정치공동체를 형성하는 것은 그 도덕적 불평등을 사회적으로 굳건히 제도화하는 일이라고 생각했기 때문이다. 루소의 《사회계약론》 첫머리의 유명한 구절, "인간은 자유롭게 태어났지만 도처에서 사슬에 묶여 있다Man is born free, and everywhere he is in chains"라는 말은 이런 루소의 신념을 표현한 것이다. 로크가 불가침의 권리로 보았던 사유재산도 루소는 우리 인간들을 타락하게 만드는 주된 원인으로 지목한다. 재산을 소유하면 부유한 사람들이 인정받고 서열상 우위에서서 남을 지배하게 되며, 가난한 사람들은 거기에 종속될 수밖에 없기 때문이다.

그렇다면 어떻게 할 것인가? "자연으로 돌아가라"라는 루소의 말이 바로 이 지점에서 유명세를 얻지만, 이는 그저 선언적인 문장일 뿐 실제 인간이 자연으로 다시 돌아가 고귀한 야만인처럼 뚝 떨어져 혼자 살수는 없다. 진달래 먹고 물장구 치고 다람쥐 쫓던 그때가 좋았다고 해서 우리가 과거로 돌아가 모두 수렵 채집을 하며 살 수는 없는 것처럼. 그러기엔 우리가 해놓은 일이 너무 많다. 인간은 현재와 미래를 살아가는 존재라 과거를 살 수는 없다. 그럼 어쩌라고.

다시 새로운 계약을 맺어야 한다는 것이 루소의 답이다. 차근차근 루소의 말을 따라가보자. 허영심은 나와 상대의 간극을 벌리려는 욕망인데 이것이 극심한 형태로 가면 신분제도가 되어 주인이 노예를 착취하는 형태가 된다. 하지만 이는 결국 자기 파괴적인 행위일 뿐이다. 왜냐하면 허영심은 본래 상대가 나를 인정해주는 데서 오는 만족감인데, 상대와의 간극을 벌리면 벌릴수록 내 만족감은 채우기가 어렵기 때문이다. 다시 말해서, 내가 보기에는 별것 아닌 인간들이 나를 칭찬하고 인정해봤자 나에게는 별로 큰 만족감이 느껴지지 않는단 얘기다. 내 고운 비단옷을 두고 노비 언년이가 아무리 침이 튀기도록 칭찬해봤자, 옆동네 땅 부자 최 참판네 마누라가 감탄하며 어디서 어떻게 만들었는지 은근히 묻는 것처럼 기분이 좋지는 않다. 좀 가슴 아픈 비유일 수 있겠지만, 공부와는 담쌓고 세상 발랄하게 지내는 친구가 내 실력을 인정하며 척 들어 올린 엄지손가락보다는 나와 1, 2등을 다투는 친구가 내 실력을 인정하며 끄덕이는 고개가 훨씬 흡족하다. 따라서 상대와의 거리를 끝없이 벌리는 것은 사실 내가 원하던 것을 얻지 못하게 하는 악순환의 구조를 만드는 셈이다.

이것을 서로가 서로를 인정하는 선순환의 구조로 만들어야 한다는 것이 루소의 생각이다. 그리고 이것을 가능하게 하는 것이 앞서 인간만의 특성으로 꼽았던 '적응성'이다. 루소는 인간 본성이 사회를 구성하면서 점점 타락했듯이, 이 타락한 인간 본성은 또 다른 도덕적인 사회를 구성하면 점점 회복될 수 있다고 믿었다. 그래야만 인간은 자유로워질 수 있다고 믿었다. 즉, 타락한 부르주아들이 시민citoyen이 되어야 한다고 생각했다. 루소가 말하는 시민은 서울 시민이나 부산 시민 같은 행정적 개념이 아니라, 앞서 유리병 그림을 다룬 글에서 보았던 동양의 '군자'처럼 좀 특별한 개념을 가지는 '인간형'이다. 루소에 따르면 시민은 개인과 달리 자기의 사적 이익만을 우선시하지 않는다. 시민이라는 단어에는 동료 시민들을 생각하는 개념이 기본적으로 탑재되어 있다. 시민은 자신의 온전한 자유는 오직 자유로운 공동체 안에서만 가능하다는 것을 알고 있기 때문에 나의 자유, 나의 이익만 내세우지 않고 다 함께 자유로울 수 있는 공동체를 만들고자 한다.

그럼 어떻게 부르주아들이 시민이 될 수 있을까. 타락한 부르주아들이 시민이 되는 방법으로 루소는 '일반의지general will'라는 조금 난해한 개념을 제시한다. 나의 사적인 자유의지가 아니라 공공의 이익, 즉 공공선을 향한 의지가 바로 일반의지다. '공공선을 의지하는 의지'라는, 머릿속에 물음표가 생기지 않을 수 없는 이 표현 앞에서 우리는 루소가 점점 야속하게 느껴진다. 루소 이 양반이 대체 뭐라는 거야.

쉽게 이해하기 위해 예를 하나 들어보겠다. 어업으로 생계를 유지하는 마을이 있는데 사람들이 너무 마구잡이로 물고기를 잡아 최근 들어 물고기의 씨가 점점 마르고 있다. 이 문제를 어떻게 해결하면 좋을까.

홉스 같은 경우에는 막강한 힘을 가진 촌장을 한 명 뽑아 전권을 위임한다. 촌장은 자신의 권위적 판단에 따라 누가 언제 얼마만큼 잡을 것인지를 정하고 이를 위반하는 자들은 가차 없이 벌한다. 로크 같은 경우에는 바다의 영역을 조금씩 나눠서 사람들에게 어업권을 주되, 중재자를 뽑아 분쟁이 생기면 조금씩 조정하도록 한다. 내 영역에서 물고

　　　　　　　　　5. 공작새와 오리의 서열은 누가 정하나

기를 얼마만큼 잡을지는 나의 판단에 달려 있지만 중재자가 전체적인 조율을 돕는 것이다. 이렇게 로크의 경우에는 판단의 권리를 양도하는 것은 아니고 단지 집행의 권리만을 양도한다. 하지만 이런 방법들로는 고갈되는 자원을 근본적으로 되살릴 수 없을 것이다.

루소의 경우에는 일단 모든 마을 사람들 각자가 자신이 고기를 마구잡이로 잡아서는 안 된다는 사실을 마음속 깊이 이해하고 문제의식을 공유하는 것에서 시작한다. 자발적으로 평등하게 쿼터제를 시행하든가 해서 이미 있는 물고기를 잡는 일에 주의를 기울이고, 어떻게 하면 우리 마을의 어족자원을 되살려 공공선을 높일 수 있을지 주민들이 다 함께 합심하여 일치된 마음으로 노력한다. 앞의 두 방안은 분쟁의 해결에 초점이 있는 데 반해, 루소의 방안은 공동체 전체를 위해 사람들이 도덕적으로 합치된 하나의 의지를 가지고 더 나은 공동체를 만들어가는 데 초점이 있다. 저렇게 만들어진 '도덕적으로 합치된 하나의 의지'가 일반의지다.

이렇게 보면 또 어렵지 않은 문제 같지만 막상 정치공동체에서 일반의지를 어떻게 찾고 이에 따를 것인가 하는 것은 아주 어려운 문제다. 루소는 해답을 법률에서 찾는다. 공공선을 위해 사람들이 머리를 맞대고 만든 법률이 현실적으로 공동체 구성원의 일반의지를 구현한다고 보는 것이다. 공동체의 법에 따름으로써 일반의지에 복속하게 되고, 그렇게 부르주아들은 시민이 될 수 있다는 주장이다. "인간은 강제적으로 자유로워진다forced to be free"라는 루소의 유명한 구절은 바로 이런 맥락에서 등장한다. 법은 그 본질상 강제성을 띠는데, 공공선을 담고 있는 법에 모두 기꺼이 자발적으로 복종함으로써 그 공동체는 자유로운 곳이 된다. 결국 자유로운 공동체 안의 인간들은 강제성을 띤 이 법에 의해 자유로워진다는 얘기다.

| 지금 우리는 평등하고 행복한가 |

현재 우리의 모습을 돌아보자. 노비 언년이와 최 참판네 주인마님은 없어졌다. 신분제는 없어지고 사람들은 이 세상이 평등한 사회가 되었다고 말한다. 그러나 인도의 카스트 제도를 둘러싸고는 아직도 믿을 수 없는 이야기들이 전해지고 현재의 한국 사회는 새로운 '숟가락 신분제'를 구성했다. 이 금수저가 네 수저냐. 아니요, 제 수저는 저기 저 흙수저입니다. 한편 테크놀로지의 발달로 허영심의 표출은 새로운 날개를 달았다. 타인과의 간극을 한없이 벌리고 싶어 하는 인간들에게 인터넷이라는 효과적인 신무기가 주어졌다. 이들이 공작새가 꼬리를 펼치듯 허영심을 전파에 담아 동서남북으로 활짝 펼쳐대면, 가지지 못한 자들은 그것을 부러움 섞인 눈으로 바라보며 때로는 절망하고 때로는 마음속에 미움의 씨앗을 몰래 키워간다.

루소가 말한 대로 모여 살게 된 이상 우리는 지속적으로 비교하고 또 비교당할 수밖에 없는 운명이다. 그런데 우리 사회에서는 한시도 가만있지 않고 남과 비교하는 습관을 가진 사람들, 비교가 단지 비교에서

5. 공작새와 오리의 서열은 누가 정하나

끝나는 것이 아니라 거리두기며 혐오로 번지는 사람들을 자주 본다. 위쪽을 부러워하는 데서 끝나지 않고 아래쪽을 더 잔인하게 짓밟는 사람들이 있는 것이다. 저들만 없었으면 내가 더 나아질 수 있었는데, 하고 핏줄 선 눈으로 타인을 노려보는 사람들이 늘어난다. 아이들의 성취를 나의 사회적 지위처럼 여기거나 성적이며 등수를 은밀한 신분제처럼 여기는 부모들도 많다. 공부 잘하는 아이를 둔 엄마들은 그들만의 리그를 결성해 다른 부모들이 행여나 그 자리에 낄까 경계한다. 부모로서의 허영심 때문에 아이들이 받아오는 1, 2점 차이를 크게 확대하면서 아이들의 마음을 짓누르기도 한다. 유치원 때부터 인맥 형성이 중요하다는, 마치 홉스가 딴 사과 바구니를 로크가 들고 도망가는 것 같은 해괴한 소리를 하기도 한다. 아이들은 아이들 나름대로 인정투쟁을 하느라 힘들다. 나는 재벌 2세가 꿈인데 도대체 아빠가 노력을 안 한다며 실망하기도 한다. 여러모로 숨 막히는 세상이다.

타인이란 내가 주인공인 드라마의 조연들이고 내가 그 안에서 마시는 공기와 같다. 내가 아무리 잘나봤자 시기와 질투와 원한이 쌓인 등장인물들로 가득 찬 드라마라면 그 장르는 막장드라마일 것이고, 독소 가득한 공기 안에서 나 혼자 건강히 살아남기란 어려운 일이다. 그래서 함께 빛나고 함께 피어나는 것이 중요하다. 모두가 잘되는 건 그래서 중요하다. 내 아이가 귀하면 다른 아이들도 귀하게 여겨야 우리 모두 귀하게 자라날 수 있다.

중세적 신분제도는 사라졌지만 돈과 지위, 권력이라는 새로운 신분제가 견고해지고 있는 상황에서 내가 앞서 보았던 클레의 작품에 있는 둘 중 하나라면 어떤 모습일까 생각해본다. 내 모습은 과연 당당하고 아름다울까. 돈이 격하게 많은 사람이거나 내 운명을 흔들 수 있는 지위의 사람 앞에서 나는 과연 어떤 표정, 어떤 몸짓으로 서 있을까. 공손한 것까지는 좋겠지만 비굴하지는 않았으면 좋겠다. 내가 비굴해지려고 할 때 바로 클레의 저 작품이 떠오를 수 있다면 클레는 아마 어린아이 같은 눈빛으로 기뻐하지 않을까.

가볍게 클레의 그림을 한 점 더 소개하고 싶다. 〈짐 진 아이들 Burdened Children〉이라는 작품이다. 클레는 이렇게 심플한 선 몇 개로 우리를 생각하게 만드는 작품들을 많이 남겼다. 끝이 동글동글 굴려진 네모들이 겹쳐진 모양에, 다리인 듯한 선과 눈이 달려 사람의 모습이 되었다.

나는 사교육의 메카라 불리는 대치동에서 열 살 무렵부터 꽤 오래 살았다. 지금은 그곳에 본가가 없지만 친구들이 있고 추억이 많아서 고국에 돌아갈 때마다 동네를 찾곤 하는데, 점점 위화감 가득한 모습으로 변해가는 것이 슬프다. 가장 최근에는, 학원을 다니느라 한 손으론 캐리어*를 끌고 다른 손엔 밥 사 먹으라고 엄마가 준 신용카드를 들고 다니던 어린아이들의 모습을 보고 놀란 적이 있다. 분명 초등학생으로 보이던 아이들.

■ 무거운 책가방 대신 사용한다고 한다.

파울 클레, <짐 진 아이들>, 1930

그때 떠오른 그림이다. 〈짐 진 아이들〉. 지금 보아도 그림 안의 네모
들이 그 캐리어와 신용카드 같다는 생각이 들어 마음이 또다시 무겁다.
대치동에서 본 짐 진 아이들은 그다지 행복해 보이지 않았다. 무엇이
아이들의 작은 어깨에 그런 짐을 지워놓았을까. 루소와 클레는 과연 우
리나라의 짐 진 아이들을 어떤 표정으로 바라볼 것인가.

6.

가로등과 매화가
달빛을 대하는
방식

아름다움의
속도를
철학하다

처음 이 그림을 봤을 때, 푹 빠져서 한참을 그 앞에 서 있었다. 까만 밤 안의 찬란한 불빛. 뭔가 근사한 이야기가 시작될 것 같았다. 잠 못 이루는 외로운 꼬마가 나오고, 그 아이를 한밤의 모험으로 데려가줄 마법사나 밤의 요정이 등장할 법한 동화 속 한 장면 같다고 생각했다. 게다가 색감이 너무 따뜻하고 황홀했다. 알록달록한 털실로 성글게 짠 니트처럼 표현된 빛. 도톰한 스웨터처럼 포근한 느낌이었다. 예쁜 그림이라고 생각했고, 매료되었다.

그렇게 미래주의futurism는 나를 홀리는 데 성공했다. 지금 생각해보면 내가 가로등 불빛에 너무나 익숙한 현대인이기에 더 그랬는지도 모르겠다. 하지만 나를 홀렸던 이 그림의 메시지를 파악하고 나서는 뒷맛이 씁쓸했다. 오랜만에 나에게 연락한 동창이 너무 반가워서 마음

자코모 발라, <가로등>, 1909

이 찡했는데, 알고 보니 보험 상품을 팔고 싶어 연락한 것이었을 때의 느낌이랄까.

왜 씁쓸했는지 알려드리기 위해 이번엔 그림 두 점을 나란히 걸어 보겠다. 두 개의 그림은 전혀 다른 이야기를 하는 중이다. 그 이야기가 들리시는지. 하나는 달빛을 죽이고 싶어 하는 그림이고, 다른 하나는 달빛에 경배를 드리는 그림이다. 왼쪽은 이탈리아의 자코모 발라Giacomo Balla가 20세기 초에 그린 〈가로등Street light〉, 오른쪽은 16세기 후반에 어몽룡이 그린 〈월매도〉﹡다.

두 그림에는 공통적으로 달이 등장하는데 모습이 꽤나 대조적이다. 발라의 그림에서 달은 가로등 불빛보다 작게 뒤편으로 밀려나 있다. 주인공은 단연 가로등이다. 황홀한 불빛을 아낌없이 내뿜으며 까만 밤을 밝히고 있다. 어몽룡의 그림엔 달과 매화가 고루 주인공으로 등장하는데 매월도가 아닌 월매도라는 호칭에서 보듯 달이 관념적으로나마 상석을 차지한다. 그것도 아주 꽉 찬 보름달이다. 가지를 뾰족한 창끝처럼 매섭게 뻗고 찬바람이 남아 있는 이른 봄에 꽃을 피우는 매화. 밤으로 상징되는 험한 세상에 이토록 단단하고 아름답게 피어난 매화를 달빛은 부드럽게 어루만진다. 매화는 널리 알려졌듯 지조의 상징이고 달은 어둠 속에서도 빛을 주는 희망의 상징이다. 우리는 그런 달에 소원을 실어 보낸다. 달이 그만큼 신성을 갖는다는 의미다. 소원을 이루어

﹡   몽룡이 그린 월매도라니, 이것은 과연 놀라운 우연인가 역사적 필연인가.

115

자코모 발라, <가로등>, 1909   어몽룡, <월매도>, 16세기 후반

주는 힘이 있는, 아주 특별한 존재이기라도 한 것처럼.

보기에 따라선 발라의 그림 역시 가로등과 달이 아름답게 어우러져 있다고 느껴지기도 한다. 하지만 시대적 배경을 겹쳐보면 그림에서 달은 조화가 아닌 대조의 대상으로 쓰인 것이 확실하다. 속된 말로 지금 찌그러져 있는 중이다. 발라는 마리네티Filippo Tommaso Emilio Marinetti의 미래주의 선언에 동참한 예술가로서 이 그림은 선언문이 발표된 해에 그린 것이며, 마리네티의 유명한 시가 바로 "달빛을 죽이자Let's kill the moonlight!"라는, 세일러문이 들으면 몹시도 서운할 선언이기 때문이다.

┃ 잡아먹힌 달 ┃

1909년이면 아직도 르누아르Auguste Renoir가 토실한 여인들을, 드가Edgar De Gas가 춤추는 댄서들을 그리던 때다. 이때 발라는 사람이나 아름다운 자연의 풍경, 과일이며 꽃 같은 익숙한 정물을 그리는 대신 빛나는 가로등을 그렸다. 그것도 오밤중에. 현대인의 눈으로는 그게 뭐 새롭나 싶겠지만 당시에는 굉장히 새로운 소재였다. 발라가 살던 로마에 가로등이 갓 생기던 무렵이기 때문이다. 비유하자면 고종 대에 화원들이 정물화로 커피가 담긴 커피잔이며 전화기를 그리는 느낌이랄까. 1900년 파리에서는 국제박람회가 열렸고 디젤엔진을 비롯해 수많은 기계와 발명품이 전시되었다. 드디어 과학문명 시대가 활짝 열렸던 것이다.

드라마 〈미스터 션샤인〉에도 대한제국의 한성 거리에 처음으로 가로등 불이 들어오던 순간이 아름답게 묘사된다. 드라마 안에서 점등식은 새로운 문물을 받아들이는 변화의 신호탄이자, 그 변화에 개입된 온갖 외세의 이권으로 인해 앞으로 전개될 수난과 수탈을 예고하는 슬픈 깜빡임이자, 칠흑 같은 어둠에서도 밝게 깨어 품은 뜻을 빛내던 이들의 아름다움을 고루 보이는 의미 깊은 장치다. 주인공 유진 초이는 발전기 소리와 붐비는 구경꾼들을 이용하고자 점등식 날을 거사일로 정해 은밀히 행동하고, 남녀 주인공은 밝은 가로등 아래서 처음으로 얼굴을 마주하며 서로의 존재를 또렷하게 의식한다. 이 점등식에 다소 역사적 오류가 있다는 점[*]과는 상관없이 이 글에서는 가로등이 등장했다는 사실 그 자체에 주목하고자 한다. 실제로 1900년 4월 10일에 민간 최초로 종로 네거리에 세 개의 가로등이 점등되었다는 기록이 있어, 1900년대 초는 동양에서도 서양에서도 인간이 만들어낸 불빛들이 거리의 어둠을 밝히기 시작하던 때다.

이런 시대적 분위기를 예술에 접목한 것이 퓨처리즘, 즉 이탈리아의 미래주의다. 미래주의 예술가들은 점차 산업화·기술화되는 20세기

[*] 드라마는 한성전기 채권을 둘러싼 공방이 심했던 1902~1903년 무렵으로 설정되어 있지만 이때 진고개에서 대규모 점등식이 있었다는 사료를 찾기 어려운 점, 1901년에 동대문 발전소에서 점등식이 있었으나 드라마와는 1년여의 시간 차가 있다는 점, 무엇보다 발전기 돌아가는 소리를 이용하려고 했다는 부분이 무색하게 발전소는 진고개가 아니라 동대문에 있었다는 점 등의 역사적 오류가 지적된다.

6. 가로등과 매화가 달빛을 대하는 방식

초의 세상에서 도시적 기술문명을 예찬했고 과학기술이 가져올 미래를 가슴 벅차게 받아들였다. 미래주의는 1909년 이탈리아의 시인 마리네티가 〈르 피가로Le Figaro〉에 〈미래주의 선언문〉을 발표하면서 시작된다. 이 과격한 선언문 가운데 널리 회자되는 부분이 바로, 으르렁거리며 총알처럼 달리는 경주용 자동차가 루브르 박물관에 있는 〈사모트라케의 니케Nike of Samothrace〉[•]보다 아름답다는 부분이다.

나아가 마리네티는 달빛을 죽이자며 세일러문에게 결투를 신청한다. 달빛을 죽이자는 것은 달빛으로 상징되는 모든 과거 및 과거의 예술과 혁명적으로 단절하자는 얘기다. 마리네티가 보기에 고래로 예술가들은 소위 '달빛을 사랑하고 숭배하는 사람들'이었다. 부드럽고 로맨틱하며 정적인 사람들. 미래주의는 그 대신 내연기관의 폭발적인 힘과 속도에서 새로운 시대의 미美를 보고자 했다. 지난 시대 예술의 심벌이 달이었다면 이제는 포탄처럼 튀어나가는 자동차나 기차가 새로운 시대의 심벌로서 권좌를 차지해야 한다는 것이다. 그러므로 마리네티는 모든 도서관 서가에 불을 지르고 박물관을 침수시키자고 외치면서 과거의 모든 예술이며 문화유산과 극단적으로 결별하자는, 당대의 가장 공격적이고 폭발적인 아방가르드 운동을 전개한다.

이 선언의 영향으로 자코모 발라, 카를로 카라Carlo Carrà, 움베르토

[•] 승리를 관장하는 여신인 니케를 묘사한 고대 그리스의 조각상으로 머리와 양팔이 소실된 채 남아 있다. 루브르 박물관에서 모나리자, 밀로의 비너스와 더불어 관람객이 많이 몰리는 아름다운 작품이다.

보치오니Umberto Boccioni, 지노 세베리니Gino Severini 등이 1910년 2월 11일 밀라노에서 미래주의 화가 선언을 한다. 이들은 "새로운 시대의 미美는 속도의 미"라는 마리네티에게서 영감을 얻어 미술의 표현 영역에 '속도'를 도입하고자 했다. 앞서 소개한 〈가로등〉은 초기의 그림이라 아직은 기존의 화법, 즉 후기 인상주의 기법*을 따라 색을 입자로 분할하여 표현하고 있다. 반복적 패턴을 통해 동적인 느낌을 주고는 있지만 속도감이 전면에 나서지는 못한다. 따라서 발라는 스스로 판단하기에 아직 충분히 미래적이지 못한, 과거와의 연결점이 있는 이 분할주의 기법을 버리고 속도를 표현할 수 있는 새로운 방법을 탐구한다. 몇몇 동료들은 큐비즘이 미래적 표현에 더 적합하다고 판단했지만 발라는 아예 새로운 방식을 고민했고, 그 결과 다음과 같은 그림을 선보인다.

처음에는 이 알 수 없는 검은 형체들이 무엇인가 싶을 만큼 개와 여인의 발 모양이 뭉개져 보인다. 하지만 자세히 들여다보면 닥스훈트의 짧은 다리와 목줄을 끌고 가는 여인의 발, 목줄의 움직임에서 더할 수 없는 역동성과 생동감이 느껴진다. 르누아르가 그린 파도 그림 앞에 서서 그림 속 파도가 실제 움직이는 듯한 묘한 느낌을 받은 적은 있지만, 나는 속도와 움직임이 이렇게 참신한 방법으로 표현된 그림을 본 적이 없다. 기존의 그림들이 점, 선, 면을 뚜렷한 형태로 드러내는 쪽이었다

■ 쇠라Georges Pierre Seurat의 점묘화가 대표적이다. 발라의 〈가로등〉에는 점묘화적인 기법이 짙게 들어 있는데, 빛 표현에 있어 다양한 색을 사용해 입자를 분할하고 그것이 전체적으로 모여 따뜻하고 밝은 색감을 내도록 했다.

자코모 발라, <줄에 매인 개의 움직임Dynamism of a Dog on a Leash>, 1912

면 발라는 속도라는 과제를 표현하기 위해 사물의 고유한 형태를 포기하고 점, 선, 면을 겹쳐 여러 컷의 연속 동작을 화면에 담았다. 포탄처럼 질주하는 자동차가 사모트라케의 니케보다 아름답다고 외쳤던 마리네티 선언문이, 종결된 선과 완결된 형상을 포기하자며 그대로 화폭에 표현된 것이다. 미래주의 화가들은 이렇게 인체의 연속된 동작, 증기기관차나 자동차의 움직임 등을 역동적으로 표현하여 화폭 위나 조각 안에 속도의 아름다움을 추구함으로써 새로운 예술 운동을 펼쳤다. 심지어 두 딸의 이름을 '프로펠러Propeller'와 '빛Light'이라고 지었을 정도로 미래주의는 발라의 삶에서 엄청난 존재감을 가졌다고 한다.

〈가로등〉을 다시 보면, 자연이 아니라 인간이 만든 것에서 이토록 아름다운 색의 불빛을 볼 수 있다는 것이 인상적이다. 더구나 로마라는 도시가 갖는 그 오랜 상징성을 생각해보자. 역사와 권위의 도시, 박물관과 미술관과 고서의 도시가 드디어 과거의 시대를 끝내고 새로운 기술문명을 향해 나아가는 순간을, 발라는 가로등이라는 미래적 심벌을 통해 표현하려 했던 것이다. 과거를 상징하는 초승달과 미래를 상징하는 가로등. 희미하고 부드러운 달빛과 눈부시게 쨍한 가로등 불빛. 사실 인간이 만든 불빛이 까만 밤을 환히 밝힌다는 것은 의미가 깊다. 과거에는 밤이 오면 대체로 모든 활동을 멈추고 자야 했다. 희미한 달빛에 의존할 수밖에 없었기에 달이 더 소중했고 달의 아름다움이 더 깊이 느껴졌을지도 모르겠다. 하지만 오늘날 인간은 전기를 이용해 밤에도 대낮처럼 사물을 볼 수 있고 밤에도 무력하게 잠들지 않고 에너지를 뿜으며 활동할 수 있다. 온갖 불빛이 눈앞에서 휘황찬란하게 번쩍이는데 저 위에 걸린 고고한 달빛이 눈에 들어올 리가 없다. 하지만 그냥 '여기까지'만이었으면 좋았겠다 싶다.

| 파시즘과 악수한 미래주의 |

선언문에 드러난 이분법적 격렬함에서 예기된 결말일까, 미래주의 미학은 결국 이탈리아 파시즘fascism과 결합하게 된다. 과거를 증오하고 미래를 사랑하자는 파괴적인 생각은 결국 미술의 영역에는 잘 어울릴 것 같지 않은 '옳고 그름의 구분'을 예술에 덧대고자 했다. 일례로 기존의 로맨틱하고 동적인 조각상들을 '권태와 구토의 대상'이라고 여겼던 것이다. 아름다움의 영역에도 옳지 못한 것, 청산해야 할 것이 있다는 생각. 그렇게 힘과 속도와 기계를 찬양했던 미래주의는 결국 '약하고 부드러운 것에 대한 구토와 혐오'라는 극단적인 방향으로 가던 파시즘과 악수를 나누게 된다. 그래서 달이 잡아먹히고 있는 발라의 그림이 그렇게 씁쓸한 뒷맛을 남겼던 것이다.

제1차 세계대전 이전의 유럽은 부글부글 끓고 있었고 이탈리아는 세계 강국으로 부상하고 싶었다. 그 속에서 미래주의는 이탈리아가 강국으로 부상할 수 있는 유일한 방법이 바로 테크놀로지라고 믿었던 사람들 쪽이었다. 젊고 과학에도 정통했던 그들은 과거를 껴안은 채 썩어 가지 말고 기계와 기술문명으로 새로운 시대를 창조하자고 했다. 이탈리아는 오랜 역사와 유물을 축복처럼 물려받은 나라지만 마리네티는 이탈리아를 "유명한 중고 시장the great second-hand market"이라고 낮잡아 부르면서 박물관과 서가를 때려 부수자고 주장했던 것이다.

힘과 속도, 기술문명에 주목하는 미래주의 화풍은 인간의 강한 근육에서 기계의 모습을 보고자 했다. 강하고 빠른 것을 아름다움으로 생각하는 사람들이었다. 따라서 미래주의는 힘을 예찬하고 전쟁의 본성을 미화하며 여성과 약자를 혐오하던 파시즘과 은근한 접점을 찾아 조우하기 꽤 적절했던 것이다. 참여자 대부분이 본래 아나키스트, 즉 무정부주의자였던 미래주의가 정치적으로는 파시즘으로 구현된 것은 한편으로는 아이러니 같고 어찌 보면 예정된 미래 같기도 하다. 마리네티의 미래주의 선언문에는 실제로 전쟁이 세계의 유일한 치유책[*]이며 군국주의를 찬미할 것, 그리고 도덕주의·페미니즘 및 온갖 기회주의적이고 실용주의적인 비겁함에 맞서 싸울 것[**]을 명시하고 있다. 이런 극단적인 이념의 틀 때문에 미술사에 오래 남아 발전하지 못하고, 미래주의는 그들이 찬양했던 속도만큼 빠르게 쇠퇴하게 된다. 하지만 미래주의가 남긴 파급력은 강렬했다. 짧은 기간에 걸쳐 이룬 실험이었지만 미래주의는 유럽 전역과 미국, 그리고 러시아에까지 광범위하게 영향을 끼쳤다.

우리가 느끼는 아름다움에는 정답이 없다. 스피드나 힘, 기계가 아름답다고 생각하는 사람들이 왜 없겠으며 거기에 무슨 문제가 있겠는가. 문제는 내가 옳고 너는 틀리다는 이분법적인 생각, 미래를 가슴 벅차게 껴안는 대신 과거를 모두 파괴적으로 부정하자는 그 정신에 있지 않았을까. 미술사 강의로 유명한 미국 동부의 한 대학에서 '예술과 정의Art and Justice'라는 수업을 잠시 청강한 적이 있다. 첫 수업의 과제는 자기가 아름답다고 생각하는 이미지를 세 장 가져오고 그것이 왜 아름답다고 생각하는지를 설명하는 거였다. 수업을 준비하는 것도, 학생들의 이야기를 듣는 것도 굉장히 즐거웠다. 그만큼 아름다움은 우리 일상 안에 다채로웠다. 우리가 어디에서 아름다움을 보는지에 정답은 없다

■　"We want to glorify war - the only cure for the world -"

■■　"[We want to] fight morality, feminism and all opportunist and utilitarian cowardice"

124 6. 가로등과 매화가 달빛을 대하는 방식

해도, 그 안에 어떤 내밀한 메시지를 숨겨 정답을 강요한다면 그것은 정의에 반하는 일이 아닐까. 우리는 어떤 정치적 메시지가 문화의 탈을 쓰고 들어올 때를 특히 경계해야 한다. 그래서 그림을 보면서도 끊임없이 생각을 해야 한다. 이탈리아의 무솔리니가 당대의 독재자들 가운데 예술을 선전 선동과 현혹의 수단으로 사용하는 데 독보적이었다는 점을 떠올리면 더욱 그렇다.

| 세상이 달빛을 품으려면 |

미래주의와 자연주의는 동서양의 철학이 예술 사조에서 가장 극명한 대비를 만드는 쌍이다. 한쪽은 속도를 찬양하는데 다른 쪽은 느림의 미학을 말한다. 한쪽은 전쟁과 파괴의 힘에 매료되었는데 다른 쪽은 섭생攝生과 양생養生을 논한다. 인간의 내면과 외면이 함께 아름다워야 하는 것도 모자라 온 우주가 다 함께 아름다워야 한다는 것이다. 한쪽은 인간이 만든 것이 더 아름답다 말하며 달빛을 죽이자 하고, 다른 쪽은 격물치지格物致知를 논하며 세상 만물이 모두 내 스승이라고 한다. 이렇게 자연을 보는 눈이 판이하게 다른데 그 눈이 그린 그림이 다르지 않을 리 없다. 어떤 사상과 철학을 가지고 자연을 대하는가에 따라 예술의 구도와 색감은 크게 달라진다.

〈월매도〉는 미래주의가 그토록 청산하자고 부르짖었던 '달빛 숭배자'의 그림이다. 더 재미있는 것은 여기에 표현된 달의 모습이다. 어몽룡은 달의 형상을 그리고 거기에 농담을 먹여 채색한 게 아니라, 달 주변으로 명암을 표시해서 달의 둥근 모양과 휘영청한 느낌을 표현해냈다. 이렇게 주변의 공간을 통해 돋아난 달은, 미래를 사랑하고자 과거를 증오하자던 미래주의의 뒤통수를 그윽하고도 인자한 표정으로 빡 때려주는 것만 같다. 장자 〈외물〉 편에 다음과 같은 이야기가 있다.

> 혜시가 장자에게 말했다. "자네의 말은 쓸모가 없네." 그러자 장자가 말했다. "'쓸모없음[無用]'을 알아야만 '쓸모 있음[用]'에 대해 이야기할 수 있는 법이네. 땅은 정말로 넓고 큰 것이라네. 그렇지만 지금 당장 사람이 쓸모를 느끼는 것은 단지 자신의 발이 닿고 있는 부분이지. 그렇다면 발이 닿는 부분만을 남겨두고 그 주변을 황천 저 깊은 곳까지 파서 없앤다면, 그래도 이 발이 닿고 있는 부분이 쓸모가 있겠는가?"

혜시와 장자의 배틀이다. 혜시가 자네의 말은 쓸모가 없다며 장자를 디스하자 장자가 멋지게 받아친다. 쓸모없음을 알아야 쓸모 있음을 논할 수 있다고. 당장 쓸모 있는 땅, 즉 내가 디딘 발밑의 땅만 남기고 다른 부분을 다 파서 없앤다면 그래도 내 발밑의 땅이 쓸모가 있겠냐고. 우리의 말이 쓸모 있으려면 말소리를 돋우어주는 침묵, 즉 소리 없음이 있어야 그 말을 들을 수 있는 것과 같은 이치다. 다가올 미래만이 가치 있고 쓸모 있기 때문에 과거를 증오하고 파괴하자는 생각의 위험함, 혹

6. 가로등과 매화가 달빛을 대하는 방식

은 어리석음이 여기에 있다. 어떤 것이 가치 있게 느껴질 수 있고, 어떤 것이 다른 것보다 더 중요할 수 있다. 하지만 그렇다고 해서 그것이 다른 것을 쉽게 혐오하거나 파괴할 권리를 주지는 못한다. 어떤 것의 가치나 중요성은 때로 그 대립항이 존재함으로써 더 빛난다. 스스로 도드라진 선으로 형상화된 달이 아니라 주변이 살짝 어두워짐으로써 형상을 얻은 어몽룡의 달은 그렇게 다시 한번 혜시를 머쓱하게 한다.

미래주의가 찬미했던 속도는 이제 현대사회에서 일상이 되었다. 특히 한국 사회의 속도감은 눈부시고 현란하기로 유명하다. 외국인들이 가장 쉽게 캐치하는 말이 '빨리빨리'라니. 속도와 효용가치를 쫓아 숨 가쁘게 달리더라도, 대낮 같은 가로등과 네온사인이 눈부시더라도, 가끔 밤하늘의 달을 보면서 발라와 어몽룡의 그림들을 떠올려보는 건 어떨까.

오만 원권 지폐에는 어몽룡의 다른 〈월매도〉가 들어 있다. 개인적으로 대나무를 그린 그림 중에서 가장 아름답다고 생각하는 탄은 이정1554~1626의 〈풍죽도〉와 은은히 겹쳐둔 것까지는 좋았지만, 안타깝게도 영 어색해졌다. 시원스럽게 솟아 있던 매화 가지가 짤뚱하니 잘려나간 데다 달도 억지로 깔고 앉은 듯하다. 높이 솟은 가지가 주던 미감이 없어지니 매화의 고고함도 숭덩 잘려나간 느낌이고, 높은 가지와 나란히 고즈넉한 하늘에서 빛나던 달을 가지 아래로 훅 끌어내려놓으니 달 역시 어리둥절한 느낌이다. 지폐 안의 그림만 볼 때는 그런가 보다 싶은데 원화와 함께 두고 보면 무척 아쉽다. 가지의 시원스러운 높이와 그 주변

오만 원권 지폐에 들어간, 어몽룡의 또 다른 〈월매도〉   이정, 〈풍죽도〉

의 담백한 여백이 핵심인 것 같은데 그 핵심이 통째로 사라졌다. 〈풍죽
도〉까지 겹쳐두려면 여백을 더 확실히 살리는 쪽으로 디자인을 신경 썼
어야 하지 않을까. 보면 볼수록 마치 그림 파일을 서투르게 압축해놓은
듯이 답답하고 어색하다.

　서머싯 몸의 《달과 6펜스》에서는 달의 세계와 6펜스짜리 동전의 세
계, 즉 예술가가 품은 이상의 세계와 세속적 물질의 세계가 대비되는
데, 우리는 이렇게 아예 오만 원권 지폐 안에 달을 넣었다. 달을 품은
지폐라는 아이디어는 사실 꽤 근사하다. 나는 돈을 세속적 가치의 표상
이라거나, 어떤 의미에서든 낮추어 보아야 할 것으로는 생각하지 않는

　　　　　　　　　　6. 가로등과 매화가 달빛을 대하는 방식

다. 돈은 세상의 전부는 아니지만 아주 중요한 일부다. 아리스토텔레스도 사람이 돈이 좀 있어야 인색함과 방탕함 사이에서 중용의 미덕, 즉 관대함이라는 미덕을 갈고닦을 수 있다고 했다. 돈은 인간에게 자유와 용기와 여유를 준다. 하고 싶은 것을 하고 하기 싫은 것을 하지 않을 자유, 새로운 것에 도전할 수 있는 용기, 타인의 삶도 둘러볼 수 있는 여유. 달님께 비는 소원이 이루어지도록 우리의 돈이 차곡차곡 모이고 알맞게 쓰인다면, 그리고 그 일이 우리의 이상을 현실로 만드는 일이라면, 이만큼 달을 품은 돈이 근사할 수는 없다.

하지만 달을 구석으로 내몬 발라의 가로등과, 달을 인위적으로 잡아 눌러놓은 지폐를 보고 있자니 역시 달을 품기에 이 세상은 그렇게 호락호락하진 않은 것 같다. 달님을 가로등 뒤에 쪼그라뜨려놓은 발라의 그림보다, 높이 솟아 있던 달을 훅 잡아 내려 안 그래도 짧아진 가지보다 더 밑으로 내려버린 그 포토샵 기술이 나는 더 씁쓸하다. 인간의 기술은 도시를 과밀하게 만든 것도 모자라 이렇게 그림 안의 아름다운 여백마저 없애버렸다. 그리고 우리는 그렇게 달이 추락한 그림이 든 지폐로 오늘도 기술을 사고 여유를 팔고 유행을 먹고 낭만을 마신다.

7.

왜 클림트는
혹평에
시달렸을까

정의를 위한
불의의
그림

1894년 우리나라에서 갑오개혁이 일어나고 있었을 때 클림트Gustav Klimt에게는 오스트리아 빈 대학 강당의 천장화 의뢰가 들어왔다. 학교 측에서는 학문의 숭고한 역할을 형상화할 찬란한 이미지를 마음에 그리고 있었던 것 같다. 예를 들면 고대 그리스의 '철학자 어벤저스'가 한 화폭에 멋지게 등장한 라파엘로의 〈아테네 학당〉처럼. 그들이 마음에 품었던 주제는 어둠에 대한 빛의 승리, 무지에 대한 이성의 승리였다. 그림을 보면 학문에 대한 경외심이 솟아나, 수업을 땡땡이치고 술 먹으러 가려던 마음마저 절로 사그라들게 하는 그림이어야 했다.

학문의 승리라는 빛나는 주제 아래 학교 측은 천장의 공간을 짜임새 있게 구성했다. 중앙 부분에 주제가 드러나는 큰 그림을 넣고, 네 귀퉁이에는 그를 받쳐줄 네 가지 주요 과목인 철학, 의학, 법학, 신학을

오스트리아 빈 대학 강당의 천장화

배치하기로 한 것이다. 천장 중앙 부분의 가장 큰 그림과 신학은 프란츠 마치Franz Matsch가 맡고 나머지 세 과목은 클림트가 맡았다.

클림트는 3년여에 걸쳐 〈철학〉, 〈의학〉, 〈법학〉을 차례로 발표했는데 그때마다 큰 스캔들을 일으켰다. 추한 포르노그래피라는 혹평을 받았고 대학 측에서는 그림을 걸 수 없다며 강하게 반발했다. 90여 명의 교수들이 반대 성명서를 냈고 심지어 대학도 못 나온 클림트가 학문의 심오한 세계를 이해할 수 없을 것이라는 인신공격까지 했다고 한다. 1900년에 열린 만국박람회에서는 시리즈의 첫 작품인 〈철학〉이 상을 받는 등 예술적 가치를 인정받기도 했지만, 보수적이었던 빈 사회와 그 안에서도 특히 고구마라떼 즐겨 드실 것 같은 고답적 사고방식의 교수 사회에서 이 그림들은 철저히 거부당했다. 여러 해의 공방 끝에 지친 클림트는 결국 검열에 대한 예술적 표현의 자유를 선언하며 돈을 되돌려주고 자신의 작품을 찾아오기에 이른다. 다시는 공공기관으로부터 작품 청탁을 받지 않겠다는 다짐과 함께.

이런 수준 미달의 변태적인 그림을 허락할 수 없다며 바득바득 우기던 빈 대학 측은, 클림트가 그 후 〈키스Liebespaar, The Kiss〉 등의 작품을 통해 황금의 화가로 명성을 얻고 나서 아주 오랜 시간이 지나서야 마음을 바꿨다. 현재 빈 대학에 제자리를 찾아 들어간 클림트의 그림들은 원본 스케치와 흑백사진을 재현한 복사본이다. 원본은 임멘도르프 성에 걸려 있었으나 나치 독일군이 퇴각하면서 성을 불태우는 바람에 소실되었다고 한다. 대체 어떤 그림들이었기에 이 사달이 났을까.

클림트, <철학>, 1900

클림트, <의학>, 1901

왼쪽이 〈철학〉, 오른쪽이 〈의학〉인데 확실히 학교 측에서 부푼 마음으로 구상했던 찬란한 학문의 승리와는 거리가 멀어 보인다. 명징해야 할 철학은 안개 속에서 모호하며, 의학은 죽음과 함께 묶어놓았다. 뒤에서 살펴볼 〈법학〉에서는 정의의 빛보다는 죄와 벌의 어둠을 강조했다. 애초에 주제로 제시된 것은 어둠에 대한 빛의 승리였는데 클림트는 일관적으로 빛보다 어둠을 강조했다. 돈을 쥐가며 반짝이는 그림을 그려 오라고 했는데 온통 검은 칠을 해 왔으니, 소중한 고객님의 니즈에 철저히 반하는 그림을 그려 온 것이다. 무엇보다 전통적으로 엄숙하고 신성한 학문을 표현하는 그림에 과감한 누드가 난무한다는 사실에서부터 점잖으신 우리 고객님들이 꽤 당황하셨을 것이다. 그림을 하나씩 살펴보자.

〈철학〉에서는 어느 구석에서도 인간 이성의 위대함에 대한 찬사를 찾아보기 어렵다. 오히려 인류의 합리성으로는 도저히 풀어낼 수 없는 태초의 신비며 삶의 근원적인 불가해성이 강조된 느낌이다. 사람들로 이루어진 기둥은 위에서부터 차례로 인간의 시간을 따라 어린아이, 젊은이, 노인 순으로 얽혀 있는데 어느 하나 기쁘거나 환희에 찬 사람이 없다. 놀라고 당황하거나 머리를 싸매고 고통받고 있다. 아래로 갈수록 꼭 밤새 술이나 먹고 놀다가 이튿날 시험지를 받아 들고는 어제 내가 과연 뭘 한 건가 고뇌하는 대학생의 모습을 닮았다. 그 오른쪽에 몽환적으로 표현된 형체가 지식 혹은 철학인데, 삶의 근원적 모호함 속에서 고통받는 인간들을 전혀 치유해주지 못한다. 지식이나 철학의 상징이라면 뭔가 명확하고 강단 있게 보여야 할 것 같은데 마치 안개 속 버드나무 귀신처럼 흐릿하고 모호하다. 인간 군상을 응시하는 것도 아니어서 그들의 고통에 닿지 못하는 느낌이고, 오히려 그들을 외면하는 듯한 '알게 뭐야' 감성이 느껴진다면 너무 지나친 걸까. 멋지게 표현해주기를 바랐던 철학의 덕목은커녕 오히려 학문의 권위에 대한 의문을 은근슬쩍 드러내는 것 같은 이 그림에 학교 측이 불편함과 불쾌함을 느꼈을 것은 자명하다.

개인적으로 〈철학〉이 꽤 근사하다고 생각했지만 그보다 더 뼈 때리는 통쾌함은 〈의학〉 쪽이었다. 의학의 목적은 사람을 살리고 질병을 치료하는 것인데 클림트는 여기다 대고 노골적으로 죽음을 강조했다. 죽은 자들이 건넌다는 망각의 강, 레테를 배경으로 오른쪽에 죽음들이 넘실거리며 모여 있고 왼쪽으로는 아직 삶의 온기가 가시지 않은 젊은 육체 하나가 둥실둥실 떠내려왔다. 그 모든 것의 앞에서 히기에이아*가, 망자가 마시면 모든 기억을 잊게 된다는 레테의 강물이 든 접시를 들고 뱀을 두른 채 약간은 차가운 얼굴로 내려다보고 있다. 내가 너를 치료해줄게, 하는 따뜻한 나이팅게일의 모습이라기보다는 이제 사약을 드시지요, 하며 약사발을 들고 서 있는 상궁 마마님 같은 느낌이다. 솔직히 〈철학〉을 볼 때는 내가 미처 발견하지 못한 더 깊은 긍정적인 뜻이 있을지도 모른다는 마음으로 끝까지 살펴봤지만 〈의학〉의 이 뼈도 박도

■ 의술의 신 아스클레피오스의 딸로 건강과 위생의 여신이다.

못하는 솔직함 앞에서 나는 웃고 말았다. 의학이 발전해봤자 결국 죽음을 막지는 못한다는 사실을 그린 것이다. 학문의 승리를 그리랬더니 승리는 무슨, 주제 파악을 잘하자는 그림을 그려 온 클림트를 보고 아마 교수들은 〈철학〉에 등장하는 인간의 모습으로 머리를 싸맸을 것 같다.

이렇게 두 그림을 봤을 때 '학교 측이 요청했던 주제에 맞지 않는다'는 비판은 받아들일 만하지만 '학문에 대해 전혀 이해하지 못하고 있다'는 비판은 수긍하기 어렵다. 교수들은 대학 교육을 받지 못해 학문에 대한 이해가 부족하다며 클림트를 비판했지만 내가 보기에 그들보다 학문의 본질을 더 깊이 이해하고 있었던 것은 클림트였다. 학문이 보일 수 있는 위선이라든가, 학문이 가지는 명확한 한계까지 덤덤히 포괄한 그림들이었던 것이다. 인간을 겸허하게 만들고 그럼에도 불구하고 정진토록 하는 그림들이다. 대학이 무조건적으로 학문을 찬양하는 게 과연 옳은 일일까. 학문에는 명확한 한계가 있으며 인간 이성으로 모든 것을 설명할 수 있다는 것은 오만이다. 머리로는 알지만 마음은 종종 다른 곳으로 향하는 게 인간이다. 나에게 해를 입힐 걸 알면서도 때로는 너무나 시시하고 바보 같은 짓을 하고 싶어지는 것도 인간이다. 학문이 모두를 구원해주지는 못한다.

| 정의를 그림으로 그려보라 한다면 |

〈법학〉은 앞의 두 그림보다 좀 더 자세히 들여다보려고 한다. 이 그

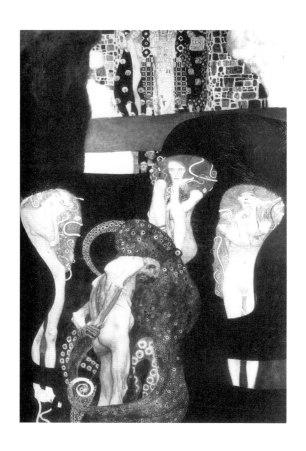

클림트, <법학>, 1903

림을 보면서 철학자 하나를 떠올렸고, 그래서 이 글을 쓰고 있기 때문이다. 누구인지는 좀 나중에 밝히기로 하고 먼저 그림을 차근차근 살펴보자.

〈법학〉은 인간 기둥이 등장하는 앞의 두 작품과는 약간 구성이 다르지만 어두운 면을 강조한 화법은 비슷하다. 학교 측에서는 그림 속에서 법의 공정함이라든가 정의의 실현 같은 밝고 힘찬 이미지가 구현되기를 기대했을 것이다. 하지만 정의는 뒤로 물러나 있고 어둡고 음산한 기운이 전면에 등장한다. 고개를 숙이고 손을 뒤로 한 채 심판을 받고 있는 벌거벗은 노인이 가장 가까이 보이는데, 대왕 문어처럼 보이는 것이 착 달라붙어 그를 휘감고 있다. 우리에게 문어는 그저 초고추장에다 숙회로 먹으면 좋을 맛난 보양식 재료지만 서구 사회에서 문어란 불길한 동물이다. 당장 디즈니판 〈인어 공주〉에서 사악한 마녀로 등장하는 우르술라와 〈캐리비안의 해적〉 시리즈에서 엄청난 능력을 보유한 악역으로 등장하는 데비 존스의 모습을 떠올려보자. 실제로 왕문어 종류는 악마라는 단어가 붙은 '데빌 피시devil fish'로 불리기도 한다. 꾸물꾸물 기분 나쁘게 다가와서 강한 빨판을 갖다 대는 문어. 여덟이나 되는 발로 욕심껏 감아쥐고 놓지 않는 모습 때문인지 문어는 특히 흑심과 탐욕을 품은 제국주의의 상징으로 묘사되는 경우가 많았다.

그런 문어가 이렇게 전면에 나서서 심판받는 자를 휘감고 있으니 이건 정의가 실현된다기보다는 기분 나쁜 고통에 가까운 느낌을 준다. 게다가 정의며 법은 너무도 멀리 있다. 저 멀리 뒤편으로 화려한 패턴

문어가 제국주의의 상징으로 묘사된 1877년 전쟁 지도

의 로브를 두르고 칼이며 법전을 든 세 여신이 보이시는지. 보일 듯 말듯 조그맣게 표현된 이들은 각각 진리와 정의, 법을 상징한다. 법이나 정의가 권위를 가지려면 세 여신이 위풍당당하게 전면에 등장하거나 직접 심판을 해야 할 텐데 너무 멀리서 지켜보고 있다. 여신들의 발치에는 몸은 없이 머리만 보이는 재판관들도 보인다. 큰 권위나 힘도 없어 보이지만 몸이 없다는 게 왠지 머리에 든 것만 가지고 입만 살아서 얄팍하게 재단할 것 같은 느낌이다.

　여신들 대신에 노인을 둘러싸고 직접 심판에 관여하는 것처럼 보이는 세 여인이 있는데, 클림트가 따로 설명하지 않았기에 이들의 정체는 모호하다. 표정을 봐도 그렇고 검은 머리카락 같은 것이 그녀들의 몸을 크

7. 왜 클림트는 혹평에 시달렸을까

게 휘감고 있어 어느 모로 보나 광명정대한 느낌은 딱히 없다. 그리스 신화에 나오는 고르곤 세 자매[*]라는 설도 있고 죄악과 유혹을 상징하는 여인들이라는 설도 있다. 이 그림은 그리스 비극 시인 아이스킬로스의 〈오레스테스〉에서 영감을 받은 것으로, 앙심을 품은 여신들 앞에 오레스테스가 벌을 두려워하며 서 있는 것이라는 설도 있다. 종합해보면 불길하거나, 사악하거나, 복수의 감정을 가진 자들에게 심판받고 있는 것이다.

그렇다면 세상에서 대부분의 판결이 이렇게 정의보다는 불의에 의해, 합리보다는 불합리와 부조리에 의해 결정된다는 뉘앙스를 가진 그림으로 볼 수 있지 않을까. 문어와 세 여인으로 표현된 부분을 딱 잘라 불의라고 표현하기 조심스러워 최대한 학교 측의 요구에 부합하는 쪽으로 해석해보더라도 일단은 '죄의 무거움' 혹은 '강한 처벌'의 의미를 강렬히 전달하는 그림이다. 정의나 진리나 법 자체의 아름다움보다는 죄를 지어 형벌을 받는 고통, 긍정적인 이상보다는 부정적인 감정을 전면에 배치한 것이다. 정의는 멀고 흐릿한데 처벌은 가깝고 강한 느낌. 마지막 작품까지 일관적으로 클림트는 학문의 한계를 응시하고 있었다. 이 그림을 발표했을 때 아마 우리 고객님들뿐 아니라 사법기관도 질색하며 싫어했을 듯하다.

그런데 고객님들의 안타깝고 분한 마음을 이해는 하면서도, 어쩌면 이런 방향으로 그려진 그림이 고객님 입장에서도 더 효용가치가 좋을

---

[*] 괴물들인데 막내가 유명한 메두사다.

거라는 생각을 한다. 긍정적인 이미지보다는 부정적인 이미지가 인간의 마음을 더 세게 두드리기 때문이다. 우리가 학교를 지나다니면서 이 그림을 보는 법학도라고 생각해보자. 공명정대한 판관이 화려한 조명 속에 법전을 끼고 등장하여 세상에 정의의 마법 가루를 꽃처럼 흩뿌리는 아름다운 그림을 보면 그냥 그런가 보다 하지 마음에 큰 파장이나 동요가 일지는 않는다. 하지만 죄의 무거움과 형벌의 고통을 생생히 접할 때 우리는 등골에 서늘함을 느끼면서 보다 신중해진다. 마음을 다잡고 조심하는 마음이 생기는 것이다. 더 나아가 이 그림을 불의가 정의를 밀어내는 그림으로 볼 수 있다면 오히려 더 좋은 효과를 기대할 수도 있다. 인간이 불의의 고통에 신음하는 구체적인 모습을 마주할 때 법학도의 마음속에는 작은 소용돌이가 인다. 내가 정말 열심히 공부해서 이런 일이 일어나지 않게 하겠다는 다짐. 세상에서 이런 불의들을 조금씩 지워나가겠다는 결심. 현실이 이렇다면 더 분발해야겠다는 생각들.

존 루카스J. R. Lucas의 《정의에 관하여On Justice》라는 책에는 "불의는 바지를 입는다Injustice wears the trousers"라는 인상적인 문장이 들어 있다. 정의는 바지를 안 입는 변태라는 말이 아니고, 정의는 얌전하고 조용한 덕목cold virtue이지만 불의는 바지를 꿰어 입고 달려 나가게 한다는 말이다. 리버럴한 복장으로 리모컨을 장착하고 소파에 누워 계시던 철수 아버지가 벌떡 일어나 바지를 입고 뛰어나가는 건 "철수가 애들이랑 사이좋게 돌아가며 미끄럼틀 타고 있어요"가 아니라 "윗동네 놈들이 미끄럼틀을 차지하고는 철수가 타려니까 지금 쥐어패고 있어요"라는 말을 들었을 때다. 정의라고 했을 때 우리 마음속에는 사실 별 감흥이 없다. 그러나 불의를 마주하는 순간 우리는 내 안의 무언가가 달려 나가는 걸 느낀다.

정의는 모호한 개념이다. 이걸 그림으로 그리라고 한다면 과연 어떻게 그릴 수 있을까. 나에게도 가장 먼저 떠오르는 건 정의의 이름으로 널 용서치 않겠다는 세일러문의 특별한 포즈 정도다. 하지만 불의를 그려보라고 한다면 누구나 쉽게 떠오르는 이미지가 있고 큰 고민 없이 연필을 움직일 수 있다. 내가 신촌에서 술 처먹는 동안 등 뒤에 둔 가방에서 몰래 지갑만 털어간 십여 년 전의 그 시베리안 허스키▪, 내가 삼십 분 전부터 이 줄에 서서 〈은행나무 침대〉의 황장군처럼 기다린 인고의 시간을 날로 먹으려 새치기하는 고운 개나리들, 약하고 힘없는 사람들을 이유 없이 괴롭히는 후리지아 자식들, 뉴스에서 본 이런 바밤바 저런 수박바 놈들. 그런 생각을 하는 것만으로도 분노의 불꽃이 서서히 피어오른다. 이런 불의가 없는 곳, 그곳이 아마 정의가 있는 곳일 거다.

그러므로 정의보다 불의를 전면에 배치한 그림은 사실 정의에 관한 더 멋있는 그림이 될 수 있다. 모호함에 그치지 않고 우리를 구체적으로 정의감에 사로잡히게 하기 때문이다. 여기에 생각이 미치면 더 나은 세상을 위해서는 정의보다는 불의에, 자유보다는 공포에 주목해야 한다고 주장한 세상 멋진 철학자 하나가 떠오른다. 바로 주디스 슈클라

▪ 내가 가장 좋아하는 아빠 사진이 들어 있었는데 아직도 용서가 안 된다.

Judith Shklar다. 우리나라에 잘 알려진 학자는 아니지만 유대계 여성 철학자이자 정치학자로서는 한나 아렌트Hannah Arendt 못지않게 중요하고 탁월한 학자다.▪ 아렌트는 프린스턴 최초의 여성 교수, 슈클라는 하버드 정치학과 최초의 여성 교수다. 개인적으로는 철학자들로 환불 원정대를 꾸린다면 가장 먼저 영입하고 싶은 언니가 슈클라다.

| 주먹질하는 예수님 |

실제로 아렌트의 글이 문학적 향기가 있는 편이라면 슈클라의 글은 화려함 없이 핵심을 바로 찌르고 거침없이 똑 부러지는 편이다. 아마 이 언니가 이상이 아닌 현실에, 선善이나 미덕이 아닌 악과 공포에 더 주목했기 때문에 그런지도 모르겠다. 우리가 이상이나 선을 얘기하려면 예쁜 색도 칠해야 하고 꽃도 좀 꽂아야 할 테니, 그런 면에서 주제를 더 돋보이게 하는 문체랄까. 1970년대 이후 존 롤스가 정의justice라는 개념을 자유주의 정치철학의 중심으로 다시 끌어온 이후 제도며 권리 중심으로 소위 자유주의의 시대가 도래했을 때, 같은 하버드 교정에서 롤스와 가장 치열하고 따뜻하게 논쟁했던 이가 바로 주디스 슈클라다. 롤스에게 끊임없이 말했다고 한다. 그러면 안 된다고.

▪ 이름이 덜 알려진 것이 아까워서 쓸데없는 소리를 덧붙이자면, 아렌트를 문학소녀라 칭하던 어느 교수님도 슈클라의 주장은 굉장히 중요하다며 인정하시던 기억이 있다.

참고로 롤스와 슈클라는 둘 다 자유주의자다. 같은 자유주의를 고민하면서 롤스는 정의를, 슈클라는 불의를 전면에 내세웠던 것이다. 앞서 얘기했듯이 정의는 모호하다. 그림으로 그리라고 하면 당최 손에 잡힐 듯 떠오르는 이미지가 없어서 시간이 오래 걸린다고도 말했다. 반대로 불의는 우리가 금방 떠올린다. 정의라는 것은 형이상학의 세계에, 불의라는 것은 현실 세계에 있기 때문이다. 그러므로 슈클라의 주장은 이렇다. 정의라는 모호한 개념을 쌓기 위해 형이상학의 세계에서 허송세월하지 말고, 당장 눈에 보이는 학살이며 야만 같은 현실적인 공포부터 차곡차곡 제거하자고. 모호한 '선'을 빚어가는 것보다 당면한 '악'을 제거하는 것이 자유주의자들이 해야 할 가장 시급한 과제라고. 빛나는 '권리'를 방어해야 한다며 구름 위에 올라 추상적 개념의 성을 쌓는 대신, 현실의 시궁창에 발을 담그고 일상의 '잔혹함'부터 제거해가라고 자유주의자들에게 일갈한 것이다.

이런 슈클라의 주장은 앞서 본 클림트의 천장화 시리즈와 매력적인 접점이 있는 것 같다. 그래서 나는 클림트의 그림들을 보면서 슈클라의 "공포(로부터)의 자유주의The Liberalism of Fear"를 떠올렸다. 우리가 자유의 개념을 이해하고 증진시키려면 자유 그 자체보다는 공포에 초점을 두어야 한다는 주장이자, 슈클라의 유명한 논문 제목이다. 자유를 위해서는 공포에 시선을 두어야 하듯 철학은 모호함을 통해, 의학은 죽음을 통해, 법과 정의는 죄와 불의를 통해 그 본질이 더 잘 드러나는 법이다.

슈클라는 경험에 근거를 두지 않는 피상적인 이데올로기를 경멸했

지오토, <성전에서 돈 바꾸는 자들을 내쫓으시는 예수님Expulsion of the Money Changers>, 1304~1306

다. 스스로가 나치의 잔혹함을 피해 어린 나이에 가족과 함께 고향을 떠난 난민이었던 경험이, 세상은 허울 좋은 이데올로기로 간단히 구원될 수 있는 게 아니라는 믿음을 단단히 했을 것이다. 클림트에게 그림을 위탁한 학교 측에서 바라본 학문은 이상이었고 이데올로기였다. 그들은 다소 모호해도 아름다움을 느낄 만한 그림을 원했을 것이다. 하지만 클림트는 슈클라가 자유주의의 전면에 공포와 잔혹함을 배치했듯이 화폭의 전면에 어두움을 배치했다. 그리고 나는 그것이 우리로 하여금 철학, 의학, 법학이라는 각 과목의 의미를 한층 더 곱씹게 하는 멋진 장치라고 생각한다.

예수님께서 주먹질을 하시는 그림을 본 적이 있다. 이탈리아 파도바의 스크로베니 예배당에 있는 그림인데, 이 예배당은 바로 슈클라가 정의보다는 불의에 천착할 수 있도록 자신에게 영감을 주었다고 밝힌 바 있는 지오토Giotto di Bondone의 〈불의Injustice〉라는 그림이 있는 곳이기도 하다. 예수님께서 "너 좀 이리 와봐"의 화끈한 왼손과 "한 대만 맞자"의 나이스한 오른손을 선보이시고, 붙들린 자는 당황하며 "아 저 그게요"의 표정을 짓고 있다. 혼나는 자들은 "이 동물을 바쳐야 기도를 들어주신다" 따위의 종교 마케팅으로 예배당을 어지럽히던 자들, 즉 가난하고 신실한 자들에게 덤터기를 씌워 이득을 취하던 부패한 장사꾼들이다. 이 나쁜 놈들을 예수님께서 원펀치로 시원하게 몰아내는 장면이다.

하느님의 집인 예배당을 정의로운 공간으로 만들기 위해서 따스한 미소를 잃지 않고 모호한 선善이며 뜬구름 잡는 것 같은 이상을 설파하시는 예수님보다는, 이렇게 눈앞의 잘못에 호쾌하게 주먹을 날려 썩은 곳을 도려내주시는 예수님이 나는 더 좋다.

8.

정의는 왜
여신이
담당하는가

양날의
칼을 쥔 자의
책임

미술관에 가면 수많은 여신들을 만난다. 꼭 미술관에서만 만나는 건 아니다. 책 속에, 영화 속에, 게임 속에, 그녀들은 각각의 색깔을 가지고 고루 들어앉아 신비로운 매력을 뿜으며 재잘거린다. 그만큼 우리에게 오래 사랑받아온 친숙한 존재다. 그런데 어느샌가 우리 사회에서 여신은 그저 아름다운 여성을 지칭하는 얄팍한 단어가 되어버리고 말았다. 여러 여신들이 가진 다양한 매력은 사라지고 그저 미의 여신인 아프로디테$^\blacksquare$ 하나만 나풀거리는 드레스를 입고 온 동네를 활개 치고 다니는 느낌이다.

$\blacksquare$ 비너스라고 하면 왠지 속옷만 입고 돌아다니실 것 같은 느낌이라 그리스 쪽 이름을 사용하기로 한다.

물론 아름다운 여성을 보는 것은 즐거운 일이다. 나도 멋진 남자보다 예쁜 여자를 볼 때 주로 넋이 나간다. 하지만 여성이 신의 영역에서까지 외면적 아름다움으로만 주목받아야 한다면 참 불공평한 일이다. 이 세상에 멋진 여성이 많듯, 멋진 여신도 얼마나 많은데. 그래서 이 글에서는 우리가 좀 더 관심을 가졌으면 좋겠다고 생각하는 여신 이야기를 해보려 한다. 이 여신이 당당하게 우뚝 서 있어야 아프로디테도 마음껏 깡총거리며 뛰어다닐 수 있다. 바로 정의의 여신이다.

　정의의 여신상을 보신 적이 있는지. 정의의 여신상은 각 나라의 사회 상황과 문화를 반영한 다양한 모습을 하고서 시청, 법원, 광장, 혹은 미술관 등에 자리하고 있다. 자세도 다양하고 손에 들고 있는 것도 조금씩 차이가 있다. 우리나라 대법원 대법정 출입문에 있는 정의의 여신상은 한 손에는 저울, 다른 손에는 고서 형태의 법전을 들고 있다. 전통적인 복식에 머리를 올린 모습이 전래동화에 나오는 선녀 같기도 하다. 총명해 보이는 얼굴로 엷은 미소를 띤 채 무궁화가 만발한 의자에 앉은 모습이, 카리스마 넘치는 여신보다는 지혜로운 판관 같은 느낌을 준다. 하지만 다른 여러 장소에서 정의의 여신은 주로 천으로 눈을 가리고 한 손에는 저울을, 다른 손에는 양날의 검을 든 모습으로 등장한다. 스위스 베른에 있는 정의의 분수Gerechtigkeitsbrunnen 꼭대기에 올려진 정의의 여신은 중세 유럽풍의 드레스와 머리를 하고 눈을 가린 채 한 손에는 검을, 다른 손에는 저울을 들고 있다. 우리나라 법무연수원에 있는 정의의 여신상도 팔이 아플 듯한 각도로 저울과 칼을 든 채 눈을 가리

　　　　　　　　8. 정의는 왜 여신이 담당하는가

박충흠, <정의의 여신상>, 1995   한스 기엥, <정의의 여신>, 1543   이용덕, <정의의 여신상>, 2014

고 서 있다.

정의의 여신의 기원은 고대 이집트의 마아트Maat로 거슬러 올라가
는데, 마아트는 눈가에 진한 스모키 화장을 하고 머리에는 타조 깃털을
꽂고 있다. 타조 깃털은 진실성을 상징한다. 고대 이집트 사람들은 인
간이 죽으면 오시리스의 심판을 받는다고 믿었는데, 이때 죽은 자의 심
장과 마아트의 타조 깃털을 각각 저울에 올려 평형을 이루는지 보고 그
사람의 진실성을 시험했기 때문이다. 피라미드 벽에 새겨진 문헌에 따
르면 마아트는 오늘날 정의의 개념보다는 훨씬 폭넓은 범위에서 현세
와 내세를 아우르며 진실과 정의, 세상 만물의 질서를 관장했다.

현재 우리가 사용하는 정의의 개념에 가장 가까운 여신은 그리스의
디케Dike다. 그리스 신화에서 종종 확인할 수 있듯이 디케는 법과 관습

에 기반한 도덕적 질서와 공평한 판결을 담당하는 여신이었다. 그녀들이 내릴 판결의 권위 때문인지 신화 속 정의의 여신들은 대체로 금수저 중에서도 가장 반짝이는 금수저를 물고 태어나는 편이다. 마아트는 태양신 라Ra의 딸이며 디케의 아버지는 그 유명한 제우스, 어머니는 법과 정의의 여신 테미스다.

디케 모녀가 공통적으로 정의의 여신인 이유를 들여다보면 고대 그리스인들이 자연법과 실정법을 구분하고 있었음을 알 수 있다. 엄마는 신들의 영역에서 정의와 질서를 담당divine order했기에 테미스의 법은 자연법natural law인 반면, 딸은 인간 세상에서 인간들이 지지고 볶고 살아가면서 발생하는 문제들을 정의의 이름으로 판결social and political order했기에 디케는 실정법과 관습법positive law and common law을 맡았다. 그리스 신화의 아프로디테와 로마 신화의 비너스가 같은 인물이듯이 디케가 로마에서는 유스티치아Justitia▪라는 이름으로 불리는데, 유스티치아가 그림이나 조각으로 표현될 때 보통 안대로 눈을 가리고 한 손에는 저울을, 다른 손에는 양날의 검을 든 모습을 하고 있다.

| 정의는 왜 여신이 담당할까 |

그렇다면 정의라는 개념을 왜 여신이 담당하는 것으로 여기게 되었

▪ 정의를 의미하는 영단어 'justice'는 이 이름에서 유래했다.

8. 정의는 왜 여신이 담당하는가

을까? 사실 전 세계의 신화를 탈탈 털어보면 정의를 담당하는 여성 신과 남성 신의 비율이 거의 비슷하다고 한다. 세상을 벌할 수 있는 번개를 손에 들고 나타나는 제우스는 사실 정의의 신이기도 하고,[*] 북유럽 신화의 포르세티Forseti나 수메르 신화의 우투Utu같이 정의를 관장하는 제법 알려진 남성 신도 있다. 고대 그리스 로마인들은 전쟁에도 남신(마르스 혹은 아레스)과 여신(미네르바 혹은 아테나)을 골고루 두었다. 딱히 통설처럼 굳은 답은 없는 까닭에 조심스럽게 유추해보자면, 많은 미덕과 행운을 여신들이 관장[**]해온 고대 그리스 로마의 지적 유산을 강하게 이어받은 유럽과 영미권에서 유스티치아의 이미지가 워낙 강하게 형성됐기 때문 아닐까.

하지만 사람들이 본디부터 정의의 개념과 여성성을 긍정적으로 결합시켜온 까닭도 있는 듯하다. 성경을 위시한 많은 텍스트에 '정의와 자비'가 종종 쌍둥이처럼 등장한다는 사실이 여기에 힘을 싣는다. 뒤에

- 그러나 정의의 신이기엔 행실이 너무 난잡하다고 본다.
- 인간의 우수성이나 탁월성을 뜻하지만 미덕이란 뜻도 포함하는 그리스어 '아레테Αρητη'는 그 자체가 여신으로 인격화되어 있다. 또 총명함과 지혜의 상징인 아테나, 용기와 용맹을 상징하는 알케, 자유의 여신 리베르타스, 승리의 여신 니케, 운명의 여신 포르투나 등이미 우리에게 익숙한 많은 여신들이 미덕과 행운을 관장하고 있다. 이와 관련하여 마키아벨리는 《군주론》에서 "운명은 여신이므로, 때리고 위협해서 난폭하게 다루고 그녀를 잘 이용해야 제어하고 통제하여 정복할 수 있다"라거나 "포르투나는 여신이므로 언제나 거칠고 대담하게 자기를 다루는 젊은이들을 좋아한다"라는 등 여성들이 보면 읽던 책 딱 덮고 정색할 주장을 펼치기도 한다.

더 자세히 설명하겠지만 정의라는 개념은 그것이 양날의 검을 들고 있기 때문에 세심하고 적절하게 적용해야 한다. 불의에 분노하는 냉철한 이성과 더불어 부드럽고 세심한 가슴이 필요한 것이 정의다. 맹렬한 분노를 일으키는 사건, 너무나 명백한 불의로 얼룩진 사건들 속에서 우리는 종종 그럴 수밖에 없었던 이유들을 발견하기도 한다. 따라서 불같이 분노하면서 강하고 폭발적인 힘을 행사하기보다는, 좀 더 부드럽고 자비로운 마음으로 적절한 균형점을 찾아 벌주기를 바라는 마음이 깃든 것은 아니었을까.

또한 불의를 자행하는 권위적인 힘과 물리적 폭력이 주로 전통적인 남성성과 연결돼온 반면, 불의에 신음하며 고통받는 사람들이 정의에 대한 희망으로 자비로운 모성에 기대고자 하는 원초적인 마음도 있었던 것 같다. 나를 부당하게 억압한 강자에게는 정의의 힘으로 벌을 주고, 억압당한 약자인 자신은 자비의 마음으로 품어주기를 기대하는 마음. 말하자면 괴롭힘을 당한 아이가 울면서 내 마음을 치유해줄 포근한 엄마 품을 찾는 것 같은. 그래서일까, 중세 말기로 갈수록 성모 마리아와 유스티치아가 겹쳐 등장하는 경우가 많아지곤 한다.

서양 문화권에서 정의는 반은 정치적 개념이고 반은 종교적인 아이콘이다. 유일신을 섬기는 교회의 힘이 커지면서 정의의 여신은 신으로서 설 자리를 잃었지만, 대신 인격화된 모습으로 끊임없이 기독교 이미지 안에 등장한다. 재미있는 것은 이때 정의가 성모 마리아와 함께 등장하는 경우가 많다는 점. 마리아는 가톨릭 기도문에 '정의의 거울'이

8. 정의는 왜 여신이 담당하는가

요제프 세바스찬 클라우버Josef Sebastian Klauber,
〈정의의 거울〉, 1700~1768년경으로 추정

란 칭호로 자주 등장하는데, 1700년대의 기도서에 실린 삽화 〈정의의
거울Speculum Justitiae〉을 보면 한쪽에 거울이 보이고 중간에 아기 예수
를 안고 있는 성모 마리아 위로 아기 천사가 눈을 가린 채 칼과 저울을
들고 있다. 바로 유스티치아가 아기 천사로 인격화한 것이다.

　이렇게 마리아와 유스티치아가 함께 등장하는 경우도 있고 흔치 않
지만 아예 마리아 자신이 유스티치아의 상징물인 칼과 저울을 들고 등

장하는 경우도 있다. 정의의 개념이 점차 구원의 이미지와 겹치면서 자비로운 모성의 상징인 마리아가 이를 구현하는 인물로 등장하는 것이다. 정의와 구원을 담당하는 이미지로서의 성모 마리아는 특히 최후의 심판을 표현한 예술 작품에 두드러지게 표현된다. 이런 작품은 셀 수 없이 많은데 주로 예수 그리스도가 작품의 중심에 크고 중요하게 자리한 채 판관의 위치에 있고, 마리아는 이를 보좌하며 정의와 구원을 담당하는 역할로 등장한다. 당시 사람들에게는 최후의 심판 때 성모께서 변호인 역할을 한다는 믿음이 있었다.

예술 작품에서 마리아는 바로 예수의 지근에서 보좌하는 역을 맡는 경우가 많지만, 지오토가 스크로베니 예배당에 그린 프레스코에는 마리아와 인간의 관계가 더욱 가깝게 설정되어 있다. 아예 천상과 지상의 중간쯤에서 인간들만 바라보는 자세로 서서 영혼을 구원하는 것이다. 가운데 둥근 원 안에 가장 크게 자리한 인물이 예수 그리스도, 오른쪽 하단의 어두운 부분은 지옥에 떨어지는 사람들, 밝은 왼쪽 하단이 구원받는 사람들이다. 구원받는 자들은 땅에서 발이 뜬 채 하늘로 들어 올려져 천사의 보좌를 받으며 천국으로 가기를 기다리고 있다. 그 앞쪽에는 발가벗은 어린아이들이 무덤과 관에서 나오고 있는데 아직 판결을 받지 않은 영혼들을 의미한다. 무릎을 꿇고 교회 건물을 바치고 있는 사람[*]과 그 뒤에 구원받는 사람들을 마주 보면서 머리 위로 반짝이

---

[*] 이 모든 것을 제작하도록 물질적으로 후원한 사람이 주로 이런 식으로 등장한다.

지오토, <최후의 심판>, 1305년경

는 후광을 이고 서 있는 세 명의 여인이 바로 구약에 등장하는 세 명의 마리아The Three Marys다. 성경에 등장하는 이 여인들은 인간과 가까운 곳에서 그들의 얼굴을 보고 목소리를 듣는다. 정의롭고 덕망 있는 삶을 살았던 인간들 바로 앞에 서서 그들이 구원받아 천국으로 갈 수 있도록 굽어 보살피고 있는 것이다.

당당한 자세로 검을 쥐고 저울을 치켜든 여신들, 한편으론 이야기를 들어주고 부드럽게 품어주는 여성들. 같은 전쟁의 신이었어도 이복남매인 여신 아테나가 총명함을 바탕으로 전략과 방어를 중시했다면 남신인 아레스는 호전적인 성격으로 전쟁의 광란과 학살, 파괴적인 측면을 상징했다는 점에서 정의의 칼을 여성에게 쥐여준 의미를 조금은 알 것도 같다.

| 칼이 양날인 이유 |

이제는 '여신'에서 눈을 들어 본격적으로 '정의' 쪽에 포커스를 맞춰볼까 한다. 그녀가 손에 든 저울, 양날의 검, 그리고 눈 위에 두른 천이 상징하는 바는 각각 무엇일까. 저울이 상징하는 바는 쉽고 명확하다. 정의는 진실을 기반으로 하고 법 앞에서는 모든 것이 평등해야 한다는 것, 즉 진실성과 형평성의 메타포다. 마아트의 타조 깃털이 인간들의 심장, 즉 양심을 저울에 달아보는 데 쓰였듯이 저울은 심판과 관련하여 오랜 상징성을 지녀왔다. 최후의 심판을 나타내는 작품에서도

노트르담 성당에 있는 최후의 심판, 13세기

저울은 무수히 등장했고, 노트르담 성당에 있는 최후의 심판에서 보듯이 저울이 없더라도 신은 주로 평형을 이룬 저울처럼 두 손을 같은 높이로 들어 올려 재판의 공정함을 표시했다. 그러므로 정의의 여신이 저울을 들고 등장하는 것은 저울 양쪽에 각각을 올린 채 상반되는 양측의 입장을 충분히 들으며 엄격하고 세심하게 형량하겠다는 뜻이다. 한쪽의 죄가 무거우면 저울은 그리로 기울 것이고 기운 쪽을 향해 여신은 다른 손에 쥔 칼을 휘두를 것이다.

칼은 법의 엄격한 집행, 즉 사법적 권위가 불가분적으로 갖추어야 할 물리적 힘을 상징한다. 고대 중국의 한비자와 17세기 영국의 홉스가 공통적으로 말하듯이 판결에 물리력이 따르지 않는다면 그 결정은 그저 무의미하게 허공에 흩어지는 헛된 말에 그친다.[■] 따라서 정의로운 판결에는 필수적으로 그것을 관철시킬 물리적 힘이 필요하다. 이것이 여신이 쥐고 있는 칼의 의미다.

하지만 이것이 양날의 검이라는 점에는 좀 더 의미심장한 이유가 붙는다. 정의의 여신 손에 들린 칼이 양날인 이유는, 형벌의 본질은 물리적 폭력이라는 점에서 그것이 남용된다면 결국 사회에도 부담이 되고 나 자신을 다치게 할 수도 있음을 경고하는 것이다. 힘이 필요하지만 그것을 남용하지 말라는 의미다.

아무리 정의로운 판결에 수반되는 것이라 해도 모든 사소한 문제를 일괄적으로 형벌로 해결하려 하거나, 아무리 범죄자 한 사람 놓치지 않는 공평한 사회라 하더라도 개개인에게 부과되는 형벌이 감당할 수 없을 만큼 무겁다면 어떨까. 결국 사람들의 자유는 제약되고 정의는 그렇게 아름답지만은 않을 것이다. 도둑질을 한 자는 모두 손을 싹둑 자른다는 형벌 규정이 있고, 그것이 공평하고 명확하게 집행되는 사회를 상상해보자. 그 사회는 비록 정의롭다고 말할 수 있을지 모르지만 내가

■ 《한비자》〈초진견〉편에는 다음과 같은 내용이 등장한다. "입으로는 상을 준다고 하고 주지 않으며 처벌한다고 말하고는 실행하지 않으면 아무도 나라를 위해 죽어주지 않는다." 권위와 물리력을 가지고 상벌권을 행사하지 않으면 사람들은 이를 양치기 소년의 헛된 거짓말처럼 생각해서 종국에는 아무도 신뢰를 주지 않는다는 것. 홉스 역시 물리력이 없는 계약은 그저 헛된 말에 그칠 뿐, 인간을 구속하는 힘이 전혀 없다고 주장한다.("And Covenants, without the Sword, are but Words, and of no strength to secure a man at all.") 계약으로 태어난 리바이어던이 강력한 힘을 가져야 하는 이유이기도 하다.

　　　　　　　　　　　　　8. 정의는 왜 여신이 담당하는가

살고 싶은 사회, 사람을 행복하게 만드는 사회는 아니다. 이렇듯 정의로움과 그에 따르는 물리력이 반드시 아름답고 포근한 사회를 만드는 것만은 아니라는 사실에 주목해야 한다. 번번이 과다한 물리력을 사용해서 정의를 관철시키고자 한다면 정의가 강물처럼 흐르기보다 핏물처럼 흐르는 사회가 될 수 있기 때문이다. 비슷한 의미에서 송대의 문장가였던 소동파는 인자함은 지나쳐도 되지만 정의로움은 지나쳐서는 안 된다고 했다. 정의가 지나치면 잔인해진다는 것이다.

앞서 불의에 대한 분노로 폭발적인 남성적 힘을 행사하기보다는 좀 더 부드럽고 자비로운 마음으로 벌주기를 바라는 마음에 정의를 여성의 이미지로 구현하지 않았을까 하는 가설은 바로 이런 맥락과 연결된다. 이렇게 정의의 여신이 쥐고 있는 양날의 검에는 정의의 이름으로라도 물리적 힘은 조심히 적절한 만큼만 사용해야 한다는 깊은 뜻이 있다. 앞서 본 우리나라 법무연수원에 있는 정의의 여신상이 들고 있는 칼은 아무리 보아도 양날이 아닌 외날인데, 고전미를 부각하려는 취지에서 전통적 냄새가 물씬 나는 도검을 선택하다 보니 그 안에 들어 있어야 할 소중한 알맹이를 놓치게 된 것 같아 아쉽다.

9.

여신의 눈을
가려야 하나
말아야 하나

정의로운
눈 뜨기와
공정한 눈 감기

이제 여신의 눈을 가리고 있는 천에 대해 생각해보자. 정의의 여신상 중 다수는 왜 눈을 가리고 있을까? 직관적으로 생각하면 이것 역시 어렵지 않다. 정의에 의거한 판단을 내릴 때 상대에 대한 편견이나 차별 없이 객관적으로 이야기를 듣고, 그 사람의 재물이나 지위 및 계급에 눈 돌리지 않으며, 권력의 눈치를 보지도 않고, 내가 혹여라도 가질 수 있는 개인적 연고도 결코 연결 짓지 않겠다는 의미, 즉 공정성의 메타포다.

내가 가리든 상대방이 가리든 눈가리개, 가면이나 베일의 위력은 생각보다 크다. 노래 부르는 사람에 대한 선입견 없이 목소리에만 집중할 수 있도록 가면을 쓰고 노래하는 설정으로 큰 호응을 얻은 〈복면가왕〉이라는 쇼 프로그램이 있다. 거기서 단연 사람들을 전율케 했던 순간은, 힘 있고 부드러운 중저음의 목소리가 정말 매력적이었던 한 참가자의 가면 뒤로 우리가 잘 알고 있는 배우 홍석천 씨의 얼굴이 드러났던 순간이다. 그를 예상한 사람은 단 하나도 없었다. 정말 그 작은 가면 하나로, 아무도 그를 예상하지 못했다. 그의 성적 지향이 그동안 사람들의 눈과 귀를 가로막아 사람들은 그의 목소리를 편견 없이 들어주지 못했던 것이다. 그의 부드럽고 힘 있는 노래는 정말이지 너무나 근사했다.

사람이 가진 오감 중에 가장 큰 위력을 발휘하는 것은 아무래도 시각이다. 그만큼 편견이나 선입견의 손을 쉽게 잡게 되는 것 역시 시각이다. 플라톤의 《국가》 제7권에 등장하는 유명한 동굴의 비유는 눈을 뜨고 있지만 감은 것만 못한 상황, 즉 사람들의 눈을 홀리는 이미지와 그로 인해 생기는 무지와 편견을 다룬다. 평생 동굴 벽에 어른어른 비치는 그림자만 보고 살아온 사람들은 그 환영을 실체라고 믿게 된 나머지 자신들 뒤에 명백히 존재하는 실체적 진실, 즉 고개만 돌리면 볼 수 있는 불빛, 더 나아가서는 동굴을 벗어나면 눈이 멀 정도로 밝게 빛나는 태양과 그 아래 펼쳐져 있는 진짜 세상을 보지 못한다. 동굴의 우화는 여러 의미로 해석될 수 있지만 사람들의 참된 사고를 방해하는 그릇된 이미지의 위험성을 경고하는 것으로도 의미가 깊다. 정의의 여신은 애초에 그림자에도 현혹되지 않고 뒤늦게 빛에 눈부실 일도 없도록 눈을 가려놓고 있다. 모든 편견의 소지를 차단한 채 양측의 이야기만 진실되게 듣겠다는 취지다.

바티칸 궁전 라파엘의 방에 그려진 유스티치아, 1508

정의의 여신이 애초부터 눈을 가리고 등장하지는 않았다. 유스티치아가 새겨진 로마 시대의 동전 중 현존하는 가장 오래된 것을 보면 한 손에 저울, 다른 손에는 칼을 들고 있지만 눈을 가리지는 않았다. 바티칸 궁전 라파엘의 방 천장에 그려진 유스티치아도 저울과 칼은 들었으되 천으로 눈을 가리고 있지는 않다. 유럽 구석구석을 돌아다니며 만나는 유스티치아 중에 눈을 부릅뜨고 있는 작품을 만나는 건 그리 어려운 일이 아니다.

유스티치아가 눈을 가린 모습이 대중화된 것은 15세기 말 이후로, 정의의 여신은 원래 지혜로운 눈을 뜨고 사람들을 직시하는 신이었다. 단호하게 꿰뚫어 보는 그 반짝이는 눈빛 앞에서 선한 자들은 결백을 주장할 용기와 힘을, 죄지은 자들은 불안과 공포를 느꼈으리라. 애초에 신이었기 때문에 눈을 가리지 않아도 그 공정성이 의심받는 일은 없었던 것이다. 디케의 어머니인 테미스[*] 역시 눈을 가리는 일 없이 늘 혜안을 드러내 반짝이고 있는데, 지상의 법질서가 아닌 자연법의 영역을 담당하기 때문에 심지어 저울도 칼도 들고 있지 않다. 법의 형평성을 상징하는 저울, 그리고 사법적 권위가 가져야 하는 물리적 힘을 상징하는 칼은 인간의 영역에만 필요한 도구인 셈이다.

| 눈을 가린 여신들 |

정의의 여신이 눈을 가리고 등장하는 오래된 작품으로 제바스티안 브란트Sebastian Brant의 〈바보들의 배Das Narrenschiff〉라는 풍자시에 실린 목판화가 있다. 방울 달린 모자로 대표되는, 15세기의 전형적인 바보 복장을 한 인물이 등 뒤에서 천으로 그녀의 눈을 가리고 있다.

〈바보들의 배〉는 부패한 판사, 주정뱅이, 돌팔이 의사 등 100여 가지에 이르는 온갖 종류의 우매한 자들, 소위 '바보'들의 유형을 다양하게 제시하여 인간의 탐욕과 어리석음을 풍자한 르네상스 시대의 베스트셀러다. 삽화가 실린 부분은 '시비 걸고 소송하는 바보', 즉 소송광을

■ 테미스라는 이름의 조각상 중에 종종 저울이나 칼을 들고 있거나 심지어 눈을 가리고 있는 경우는, 둘 다 정의의 여신이라는 이름을 가진 디케와 테미스를 혼동했기 때문으로 보인다. 주로 후대에 만들어졌거나 유럽이 아닌 아시아 등지에서 이런 조각상을 보게 되는 경우가 많다.

<바보들의 배>에 실린 목판화, 1494   같은 책의 1572년판 삽화

다루고 있는 부분. 황당한 궤변으로 소송을 일삼아 사법기관의 업무를 마비시키고 정의의 관념을 흐리는 자들이 유스티치아의 눈을 가려 저울이 어느 쪽으로 기우는지, 칼을 어느 쪽으로 휘두르는지 제대로 볼 수 없게 만드는 모습을 담은 것이다.

1572년판 삽화는 더 극단적이다. 이제는 광대 모자를 쓴 바보가 여신의 눈을 가리면서 그녀를 아예 권좌에서 밀어내 그 자리를 차지하고 있고, 밀려나는 여신은 당황하는 자세를 취한다. 브란트 자신이 당대의 유명한 법률가이자 변호사로서 소송광들의 폐해를 잘 알고 있었다는 점, 그리고 〈바보들의 배〉 서문에서 "눈이 가려져 앞을 보지 못하는 인간들의 우매함"에 대한 경고를 명확히 하고 있는 점을 아울러 보면, 저 눈가리개는 여기서 무지와 편견을 만드는 장치이지 공정성을 상징하는 장치가 아닌 것이 확실하다. 즉, 눈을 가린다는 것의 의미가 원래는 저울의 기울어짐도 칼이 향하는 곳도 보지 못하게 하는, 정의의 여신이 정의를 행하지 못하게 하는 장치였던 것이다.

그러나 인간도 아닌 신이 과연 천으로 눈 좀 가린다고 그 신성한 총명함을 잃는 것일까. 이는 브란트가 작품을 펴낼 당시의 사회적 배경이 르네상스 시대였다는 것과 무관하지 않다. 미술과 문학과 철학이 꽃피고 과학이 빠르게 발달하던 시대, 신 중심에서 사람 중심으로 차차 바뀌던 지적 흐름. 인간의 이성이 발달하고 그에 비례하여 신의 권위가 조금씩 하락하는 상황에서, 기독교 유일신도 아닌 정의의 여신이 신으로서 특별 대접을 받지는 못했던 것 같다. 따라서 이렇게 한낱 바보들이 씌워둔 눈가리개에 속수무책으로 당하고 있는 것이다.

인쇄기술의 혁명이라는 특수한 탄력을 받은 이 책의 파급력이 워낙 컸기 때문인지, 눈을 가린 정의의 여신 이미지는 유럽 전역에 유행하게 된다. 아마도 예술적 상상력이 충만하던 시절에 눈을 가린 여신이라는 이미지가 주는 묘한 매력이 예술가들의 영감을 자극했던 것 같다. 그런데 풍자적이지 않은 다른 예술 작품에 등장하는 정의의 여신이 딱히 부정적 의미로 눈가리개를 할 일은 없었을 터. 따라서 눈가리개는 새롭게 긍정적 의미를 얻기 시작했다.

16세기 스위스 예술가인 한스 루돌프 마누엘Hans Rudolf Manuel의 1558년 드로잉을 보면 유스티치아는 눈을 가리고 검과 저울을 들었다.

9. 여신의 눈을 가려야 하나 말아야 하나

한스 루돌프 마누엘, <신성한 정의의 여신>, 1558

왕관을 쓴 자들, 인간 세상의 왕으로 추정되는 인물들이 가진 힘의 상 징인 칼이 부러져 있는 데다 모두 그녀의 발아래 위치하고 있고, 유스티치아는 날개가 돋은 천사의 모습을 하고 있다. 〈신성한 정의의 여신 Divine Jusitce〉이라는 제목이 간명히 드러내듯이 이 그림에서 유스티치아는 눈을 가리고 있지만 브란트 작품에 등장했던 것과는 달리 초월적이고 신성한 인물이다.

이 당시 베른에서는 신의 목소리에 따라 정의를 행하는 것이 정치적 권위를 가진 자들에게 있어 최고 의무라는 개혁론자들의 목소리가 커지고 있었고, 이런 논쟁과 더불어 유스티치아가 기존에 들었던 검과 저울에 더해 '외면에 현혹되지 않고 단지 내부적인 초연한 성찰을 통해 신의 목소리를 구현한다'는 의미의 눈가리개가 새로운 상징으로 추가되기 시작했다. 눈을 가린다는 의미는 아무 편견 없이 공정한 심사를 하겠다는 뜻으로 바뀌었고 이것이 오늘날 우리가 만나는 유스티치아, 즉 눈이 가려지며 당황해하는 여신이 아니라 눈을 가리고도 준엄하고 당당한 여신이 되었다. 긍정적인 모습으로 다시 태어나긴 했지만 역시 이 눈가리개로 인해 여신은 모든 것을 꿰뚫어 보는 신성의 눈을 잃고 다소나마 인간화된 것은 아닐까. 〈바보들의 배〉와 관련된 눈가리개의 부정적인 의미 때문에 정의의 여신이 원래대로 신성한 두 눈을 뜨고 있어야 한다는 주장도 심심치 않게 제기된다.

정의의 여신의 눈을 가린 천에 대해 길게 이야기한 까닭은, 정의의 여신이 인간처럼 편견에 사로잡힐 리 없는 혜안을 지닌 신인데도 두 눈을 가려야 하는지 여부라든가 인간 이성의 발달에 따른 신의 권위 하락을 논하고자 함은 아니다. 정의를 고민하는 사람은 눈을 가려야 한다고 주장한 한 철학자의 이야기를 하고 싶었기 때문이다. 《정의론》이라는 저서로 유명한 미국의 정치철학자 존 롤스John Rawls가 그 주인공이다.

| 베일을 뒤집어쓴 인간들 |

롤스는 20세기 가장 영향력 있는 정치철학자 중 한 명이다. 공리주의와 효율성의 원칙, 즉 보다 많은 사람이 최대로 행복할 수 있는 효율적인 방법을 찾는 것이 한동안 우리 사회를 지배하는 원칙으로 맹위를 떨치던 시기에, 롤스는 다시 정의에 주목하고 이에 관한 이론을 새롭게 제시해 현대 정치철학계에 중요한 논쟁을 되살렸다.

롤스는 "사상체계의 제1덕목이 진리이듯 사회제도의 제1덕목은 정의"라고 주장한다. 어떤 사상체계가 사상체계로서 인정받기 위한 가장 중요한 요건이 '거짓이 아닐 것'이듯, 사회제도의 기본 중의 기본은 바로 '정의에 기반할 것'이라는 뜻이다. 효율성이나 공리가 아니라 정의의 원칙이 모든 사회제도의 근간이 되어야 한다는 말이다. 공리주의가가진 태생적 한계는 최대 다수에게 이익이 되는 방법을 찾다 보면 소수자인 개인들이 억울하게 소외될 수 있다는 점이다. 공리와 정의를 모두 충족시키는 사회제도라면 좋겠지만 그럴 수 없다면 공리가 정의보다 우선시되어서는 안 된다. 이런 의미에서 롤스는 정의를 구현하지 않는 사회제도는 마치 거짓 위에 세워진 사상체계와 같다고 주장한 것이다.

정의는 너무도 중요한 정치적·도덕적 개념이지만 쉽게 정의 내리기는 어려운 개념이다. 그래서 이에 천착한 많은 철학자들이 고대부터 현대에 이르기까지 다양한 의견과 이론을 제시해왔다. 여기에서는 이 복잡한 철학적 흐름 대신, 철학자 입에서 나온 표현도 아니고 다소 평범해 보이지만 우리 귀와 마음에 보다 쉽게 들어오는 정의justice의 정의definition를 소개하고자 한다. 2016년 미국 민주당 대선 후보를 뽑는 예비 경선에서 신선한 바람을 일으켰던 버니 샌더스Bernie Sanders는 어느 대학 강연에서 다음과 같이 말한 바 있다. "정의란 내가 다른 사람에게 대접받고 싶은 만큼 타인을 대하는 것입니다." 이 황금률은 사실 지구상 모든 종교에 등장하는 원칙이자 동양 고전인 《논어》에도 등장하는 내용으로, 굳이 어려운 표현 없이도 정의의 내용과 원칙을 많은 인류에게 전하고 또 권하고 있다. 이 보편적인 황금률을 롤스가 철학적 개념으로 다듬은 것이 바로 '무지의 베일veil of ignorance'인데, 이것이 바로 정의의 여신상의 눈가리개와 비교해 소개하려는 철학적 개념이다.

무지의 베일이란 '가상의 정보 차단 장치'다. 쉽게 말해 앞이 안 보이게 뭘 뒤집어쓴다고 생각하면 된다. 다만 기억할 것이 있다. 앞이 안 보여 상대가 누군지도 모르지만 나 자신도 누군지 모르게 된다는 점. 아무것도 모르게 되는 이 특성 때문에 '무지'의 베일이라는 이름이 붙었다. 베일이라고 했을 때 간혹 떠올릴 수 있는 시스루나 레이스 소재가 아니라, 빛이 통과하지 않아 아무것도 볼 수 없는 장막이라고 생각

9. 여신의 눈을 가려야 하나 말아야 하나

하면 좋다. 그래서 '무지의 장막'이라는 번역도 널리 사용된다.

롤스는 어떤 제도가 정의로운가 여부는 그 제도를 만드는 '절차'가 정의로운가 여부에 달려 있다고 보는데, 이 절차적 공정성을 얻기 위해 그가 사용하는 철학적 개념이 바로 '원초적 입장original position'과 '무지의 베일'이다. 예를 들어 어린이집 아이들의 급식비를 정부에서 얼마나 지원해야 할지 결정하기 위해 대표자들이 모였다고 하자. 이들이 정의로운 결정을 하기 위해서는 롤스가 말하는 원초적 입장에서 사고해야 한다. 원초적 입장이란 내가 대표하는 사람들이 돈이 얼마나 많은지, 사회적 지위는 어떤지, 성별은 어떤지, 인종은 어떤지, 그런 모든 정보로부터 격리되어 아무것도 모르는 상황을 말한다. 무지의 베일은 이렇게 정보를 차단하기 위해 대표자들이 뒤집어쓰는 장치다. 원초적 입장에 도달하기 위해 필요한 가상의 장치라고 생각하면 된다.

이 베일을 뒤집어쓰고 있으면 내가 누구를 대표하는지 전혀 알 수 없기 때문에, 합리적 인간이라면 나의 위험을 최소한도로 줄이고자 자연스럽게 가장 약자의 입장에서 사고하게 된다. 최약자에게 안전한 세상이라면 결국 모두가 안전한 세상이기 때문이다. 예를 들어 내가 대표하는 사람들이 최저임금을 받으며 다둥이를 키우는 데다 몸이 불편해서 다른 부가적인 경제활동도 여의치 않은 싱글맘들이라고 가정하면, 정부가 얼마만큼 지원해줘야 이들이 안심하고 아이들을 어린이집에 보내 영양가 있는 식사를 하게 할 수 있을까. 베일을 쓰면 이렇게 내가 가장 어려운 입장이라 생각하고 고민하게 되고, 따라서 자연스럽게 우리 사회는 정의에 기반한 사회적 안전망이 확보된다. 베일을 벗으면 내가 대표하는 사람들이 누군지 또 어떤 상황인지 눈으로 보고 그 입장에 맞춰 계산하고 눈치보고 타협하겠지만 베일로 모든 정보를 차단하면 누구나 정의로운 결론에 도달하게 된다.

롤스는 이렇게 절차가 공정하면 우리가 자연스럽게 정의와 공공선을 확보할 수 있다고 생각했다. 이 철학적인 가상의 베일이 특히 재미있는 이유는 보통 개인들이 자신의 이익을 최대한으로 추구하는 것은 도덕적 비판의 대상이 되기 쉽지만, 롤스는 베일을 통해 합리적 개인들이 위험요소를 줄이고 이익을 극대화하고자 하면 바로 그 결과로 정의를 추구하게 된다는 새로운 관점을 제시했기 때문이다. 무지의 베일로 상징되는 절차적 공정성이, 개인의 이기주의를 정의로 바꿔버리는 아주 중요한 장치가 되는 셈이다.

눈을 가린 정의의 여신과 베일을 뒤집어쓴 인간들. 둘 다 편견을 없애기 위해, 정의를 위해 눈을 가렸다는 공통점이 있다. 이런 연결고리를 발견하고 그것을 이어놓으면 다소 모호할 수 있는 철학적 개념들이 한층 쉽게 내 손안에 들어오는 느낌이다. 정의는 한쪽으로 부당하게 기울지 않게 편견이나 선호 감정을 배제하는 것이 핵심이고, 그러기 위해서 눈가리개나 가면, 베일 같은 상징적인 천 조각들이 일상생활에서든 철학에서든 유용하게 사용되는 셈이다.

| 두 눈을 떠야 한다는 입장 |

한편 정의를 논하고자 한다면 롤스가 개인에게 씌우려는 이런 베일을 과감히 벗어던지고 옆 사람을 똑바로 보아야 한다는 정반대의 주장도 있다. 이런 주장을 하는 대표적인 사람은 잘 알려진 페미니스트이자 롤스와 함께 20세기의 영향력 있는 철학자 중 하나로 손꼽히는 아이리스 영Iris Young이다. 특히 롤스의 정의론을 비판해 큰 주목을 받았는데, 《차이의 정치와 정의Justice and the Politics of Difference》라는 책 제목에서 알 수 있듯이 영은 '차이'를 강조하는 철학자다. 사회제도에 정의를 구현하기 위해서는 무지의 베일을 뒤집어쓰고 차이를 없애버릴 것이 아니라, 두 눈을 잘 뜨고 차이를 인정하는 것이 올바른 시작이라고 주장한다.

쉽게 말하면 차이를 잘 알지도 못하면서 어떻게 남의 입장이 되어 최약자의 고민을 염두에 둔 결정을 할 수 있겠냐는 뜻이다. 실질적으로 제도를 만드는 사람은 주로 입법가나 행정가라는 직위를 가진 주류 집단인데, 과연 중산층 백인 남성이 아무리 무지의 베일을 겹겹이 뒤집어쓴들 소외계층이나 이주노동자 여성의 고충을 얼마나 생생하게 알 수 있겠냐는 이야기다. 즉, 게임은 이미 주류의 입장에서 짜여 진행되고 있으며 소수자들은 수동적으로 편입의 대상이 되는 데 그친다는 것. 따라서 '분배' 패러다임에서 벗어나 '자기 결정'을 가능케 하는 것, 결국 민주주의가 정의의 중요한 요소가 된다는 것이다.

영이 롤스를 비판하는 이유는 그가 주로 인간을 보편화·개인화했다는 점에 있다. 우리는 사회적 불평등을 주로 개인의 차원이 아니라 집단의 차원에서 느낀다. 외국에서 살면서 이런저런 불평등을 느끼는 것은 내가 이진민이라는 한 개인이기 때문이 아니라 여성이라는 집단, 외국인이라는 집단, 황인종이라는 집단에 속하기 때문이다. 불평등은 필연적으로 집단의 차원에서 발생한다. 따라서 영은 구조적 불평등 문제를 해결하기 위해서는 사회적 '집단'을 인정하는 것이 필수적이라고 말한다. 정의의 이론을 만드는 데 있어 롤스처럼 개인을, 그것도 베일을 씌워 파편화한 개인을 기본으로 삼지 말고, 사회적 집단을 정의 이론의 구성원으로 인정해야 한다는 것이다. 이렇게 집단을 인정하고 그 차이가 지닌 긍정성을 옹호하면 소수 집단은 비로소 구조적 불평등에 맞설 자유와 역동성과 힘을 갖게 된다고 영은 주장한다.

앞서 예를 든 어린이집 급식비 문제를 다시 롤스와 영의 입장에서 구성해보자. 영을 옹호하는 측은 베일을 벗고 소외된 집단을 끌어올려 적극적으로 평등을 구현하는 조치를 선호할 것이다. 이 과정에서 소외된 계층의 비정규직 싱글맘들은 입법가나 행정가들이 만든 제도에서 수동적으로 혜택을 입는 파편화된 개인으로 존재하는 것이 아니라, 이 제도가 구성되고 시행되는 과정에 적극적으로 참여해 자신들이 처한 구조적 불평등을 개선하는 집단적 힘을 발휘할 수 있어야 한다. 정의의 차원에서 이들 집단의 자유와 권리를 인정하는 것이 사회적으로도 당연시되고 존중되어야 한다.

반면 롤스 측에서는 무지의 베일을 뒤집어쓴 개인들 간의 합리적

　　　　　9. 여신의 눈을 가려야 하나 말아야 하나

사고만으로도 정의와 평등이 충분히 구현될 수 있다고 본다. 집단들의 힘은 각기 다를 것이 분명하므로 개인이 아닌 집단을 인정한다고 해서 문제가 해결되지는 않는다고 주장할 것이다. 오히려 힘이 각기 다른 집단들로 인해 파생될 수 있는 새로운 불평등과 이기주의를 막기 위해서라도, 이기주의를 정의로 바꾸는 절차적 공정성의 상징인 무지의 베일을 벗어서는 안 된다는 입장을 견지할 것이다. 따라서 롤스 측에서는 집단의 상황을 개별적으로 살펴 적극적으로 평등을 구현하는 것보다는, 어느 수준까지 불평등한 조치가 정당화될 수 있는지에 대한 '합의된 원칙'을 만드는 것이 적극적인 평등 구현의 과정에서 혹시라도 발생할 수도 있는 타인들의 억울함을 줄이는 길이라고 본다. 무지의 베일은 아무것도 모르게 하는 베일이 아니라, 조사나 토론을 통해 충분히 정보를 획득하고 난 뒤에 '누구를 대표할 것인가'의 문제에서만 쓰는 것으로, 각 개인이 충분히 가능한 모든 상황을 고려한 결정informed decision을 공정하게 할 수 있다면 장점이 큰 이 베일을 굳이 벗을 이유는 없다.

　　나는 롤스가 '차등의 원칙difference principle'▪ 역시 중요하게 다루고

▪ 우연히 부잣집에서 태어난 경우 남들보다 유리한 출발선상에 있게 된다. 이런 우연이나 임의성으로 생기는 사회적·경제적 불평등을 어떻게 해결할 것인가 하는 문제에 있어 롤스는 강제적으로 평등하게 만드는 조치보다는 어느 수준까지 불평등이 정당화될 수 있는지 철학적 원칙을 제시해 접근하고자 하는데, 이것이 바로 '차등의 원칙'이다. 사회적 자원을 분배함에 있어 최소 수혜자에게 최대의 이익이 되고 그 기회가 공정할 때는 불평등이 허용되어도 좋다는 것이 골자다. 최저임금제가 대표적인 사례. 보다 많은 부를 가진 사람들이 자신의 넘치는 이익을 나눔으로써 사다리 맨 아래층에 위치한 최소 수혜자

있어 차이를 등한시했다고 보기는 어렵고, 영과 롤스의 주장이 실제 정의를 구현함에 있어 근본적으로 크게 달라지는 것은 아니라고 생각한다. 하지만 이와 관련해 전개된 철학적 논쟁들로 더 자세히 들어가면 정의의 여신상의 눈가리개와는 한없이 멀어질 것 같아 멈추기로 한다. 다만 연결된 맥락에서 '적극적 평등실현조치affirmative action' 개념을 들여다보기로 하겠다. 보다 정의로운 사회를 만들기 위해 베일을 쓸 것인가 벗을 것인가 하는 문제를 한 번 더 우리 실생활과 관련 있는 문제로 가까이 가져와보기 위해서다.

∣ 안대를 쓸 것인가 벗을 것인가 ∣

무지의 베일과 적극적 평등실현조치가 반드시 상반되는 개념은 아니지만 상대에 대한 정보가 있느냐 없느냐 하는 점에서는 분명한 차이가 있다. 베일을 쓰고 판단할 것인가, 아니면 베일을 벗고 상대가 처한 불평등한 상황을 적극적으로 개선해줄 것인가. 적극적 평등실현조치는 영의 주장처럼 베일을 벗고 두 눈을 뜨고 약자들을 우선적으로 구제하자는 입장이다. 어린이집 추첨에서 한부모가정 아이들에게 우선순위를 준다든가, 대학 입시에서 농어촌 특별전형을 실시해 해당 지역 출신 청

들의 몫이 크게 개선되고 그 결과 모든 사회 구성원의 삶이 한층 나아져 전체적으로 그 사회가 발전하고 사회의 공공선에 이바지한다면, 부를 가진 사람들의 입장에서는 불평등한 분배지만 차등 원칙에 따라 허용된다는 것이다.

소년에게 혜택을 준다든가, 양성 고용 평등을 실현하기 위해 일정 비율의 성별을 고용하는 성별고용할당제를 시행하는 것 등이 적극적 평등 실현조치의 예다. 미국에서는 소수 인종에 대한 대학 입시 우대 정책이 특히 논란이 되어왔다. 1960년대 초반 흑인 인권운동의 영향으로, 그동안 많은 미국 대학들이 고등교육의 기회를 넓히고 학내 다양성을 확보하자는 차원에서 입학 정원에 흑인과 남미 계열 등 소수 인종 학생을 배려하는 정책을 실시해왔다. 그러자 아이비리그에서는 뛰어난 아시아계 학생들이 이 정책의 혜택을 톡톡히 입어, 오히려 자격 요건이 되는 백인 학생들의 입학이 어려워지는 역차별이 발생한다는 주장이 생겼다. 2016년 미국 대선 후보 경선에서 도널드 트럼프가 특히 이런 점을 부각시켰다. 미국 사회가 이민자들과 소외계층을 사회적 안전망으로 두텁게 감싸주느라 자신들이 오히려 역차별받고 있다고 느끼는 백인 중산층 및 중하층의 소외된 심리를 교묘히 파고들어, 결국 그는 대통령에 당선된다. 2014년 미국 연방대법원은 대학 입시에서 인종에 기반한 우대 조치를 금지한 미시건주 헌법이 합헌이라는 판결을 내렸다. 소수 인종에 혜택을 주지 말고 공평하게 눈가리개를 착용하라는 것이다.

눈을 감고 판단할 것인가, 뜨고 판단할 것인가. 일상생활에서도 철학적 논쟁에서도 양측 모두 충분히 설득력이 있어 재미있는 주제다. 어느 입장이든 정의를 구현하려는 근본 취지는 같기 때문에 건강하고 의미 있는 논쟁이기도 하다. 하지만 한국 사회에서 '눈을 뜬다'는 의미는 조금 걱정스러운 쪽으로 발달되어 있는 것도 같다. 이력서에 사진을 붙이는 것이 관례화되어 있고 그것이 무슨 문제가 되는지 별로 느끼지 못하는 사람이 많듯이, 아이들의 가정환경조사서에 자가용 차종까지 밝혀야 하는 경우가 종종 있듯이, 때론 전혀 필요 없는 곳에까지 구석구석 눈가리개를 치워놓고는 타인을 훔쳐보고 재단하려는 관음증적 경향이 있는 것 같기 때문이다. 그런 의미에서는 '두 눈을 뜬다'기보다는 차라리 '훔쳐본다'는 표현이 적절하겠다. 감아야 할 곳에서 눈을 부릅뜨고, 날카롭게 쳐다보아야 할 곳에서 눈을 감는 경우가 빈번하다. 앞서 언급한 〈복면가왕〉에 나오고 싶어 하는 출연자가 굉장히 많았다고 한다. 아름답지 않다고 평가받는 외모 때문에 출중한 노래 실력이 빛을 보지 못하는 경우가 많았던 것이다. 반대로 외모가 뛰어난 가수들도 나의 얼굴, 나의 몸매만 바라보지 말고 그저 진실하게 노래를 한번 들어주었으면 하는 바람에서 출연을 희망했다. 그저 오락 프로그램의 한 단면으로 가볍게 치부할 수도 있겠지만 사실 우리 사회는 이렇게 복면을 쓰고서라도 외모나 배경에 상관없이 그저 나라는 개인으로 평가받고 싶은 사람이 많은 사회다. 성형이라는 신종 가면이 많아지는 사회, 내가 사는 아파트 이름과 내가 사는 동네 이름으로 '나'라는 사람이 평가받기도 하는 사회이기 때문이다.

정의의 여신상에 대한 글이 꽤 길어져버렸다. 현재 우리 사회 전반에 퍼져 있는 불의와 불평등의 체감지수가 극히 높고, 사람들이 마음속에 품고 있는 불만이 마치 압력솥 안에 팽팽하게 눌려 끓고 있는 고깃국같이 뜨거운 김을 비명처럼 내뿜고 있기 때문이다. 여신이라는 단어가 그저 예쁘고 아름다운 여성을 지칭하는 대명사가 되어버린 우리 사회에서, 정말로 준엄하고 지혜로운 여신으로서 그 반짝이는 눈을 가리고 있는 정의의 여신을 재조명해보고 싶었고, 그 안에서 '사회제도의 기본 중의 기본은 그것이 정의로운 것이어야 한다'는 롤스의 목소리를 되새겨보고 싶었고, 정의를 위해서는 눈가리개도 베일도 벗어던지고 눈을 밝게 떠 약자들의 집단을 되돌아봐야 한다는 영의 목소리도 소개해보고 싶었다. 정의의 여신상이 눈 위에 두른 천과 롤스가 철학적으로 한 땀 한 땀 재단한 무지의 베일을 통해 '정의로운 눈 뜨기'와 '공정한 눈 감기'에 대한 건강한 성찰이 이루어질 수 있다면 좋겠다.

10.

가면 쓴
사람들의
슬픔과 기쁨

집단의
광기와
개인의 자유

가장 좋아하는 철학자가 누구냐고 하면 망설이지만 가장 좋아하는 화가를 묻는 질문에는 주저 없이 파울 클레라고 답한다. 따뜻한 유머감각과 아이 같은 시선, 그림에 멜로디가 흐르는 듯한 음악적인 느낌. 부드럽고 알록달록한 색감도 좋고 무엇보다 우리가 머리 위에 물음표를 띄우고 즐겁게 사유하게 만드는 작품들을 내놓았다는 점에 가장 큰 매력을 느낀다.

"점이 산책을 떠나면 선이 되고, 선이 산책을 나가면 그림이 된다"■라는 위트 있고 귀여운 어록을 남긴 클레는 스위스에서 태어나 20세기 초 독일에서 주로 활동했다. 초기 작품들은 흑백이나 단색으로 다소 기

■   A line is a dot that went for a walk. A drawing is simply a line going for a walk.

괴하고 환상적인 세기말적 풍자를 담은 소묘 작품이 많고, 아프리카 튀니지를 여행한 이후 색채에 대한 선명한 자각과 함께 작풍을 바꾼 것으로 알려져 있다. 아이들의 그림을 사랑한 클레는 실제로 아이들이 그린 것 같은 천진한 시각과 상상력을 그림에 담곤 했는데, 나는 어떤 예술 사조에도 속하지 않는 그의 자유로운 예술혼이 특히 좋았다. 미술관에서 클레의 작품을 만나면 잘그락, 색색의 유리구슬이 마음속에서 부딪히는 것 같은 느낌을 받았다.

삶이 평탄하지는 않았다. 아이들이 제멋대로 그린 그림 같다는 냉소적 시선을 받기도 했고 제2차 세계대전 부근의 독일이라는 시공간에 존재했기에 나치에 의해 수난을 겪기도 했다. 1933년 클레는 독일에서 추방되어 삶의 터전을 옮겨야 했는데 이때 게슈타포에 의해 자택을 수색당하고 교수직을 잃었다. 나치가 현대미술을 공개적으로 모욕하기 위해 1937년 퇴폐 미술전Degenerate Art이라는 이름으로 조직한 전시회에는 클레의 작품이 '광기와 정신병'이란 표지를 단 채 17점이나 포함되었고, 이미 공개적으로 퍼져나간 클레의 작품들이 100점가량 몰수되기도 했다. 하지만 나치가 걸었던 이런 딴지는 클레가 후대에 남긴 유산에 별 신통한 타격을 입히지 못한 듯하다. 한 해에만 무려 500여 점˙의 작품을 쏟아낸 무시무시한 기록을 가지고 평생 9000점이 넘는 다작을 남긴 클레는 현대미술뿐 아니라 20세기 지적 사회 전반에 크고 깊

■ 참고로 1년은 500일이 아니라 365일이다.

은 영향을 남겼다.

　다방면에 두루 조예가 깊었던 덕에 클레의 작품에는 음악과 문학, 철학이 고루 담겨 있다. 음악을 가르쳤던 아버지와 노래를 불렀던 어머니 사이에서 태어나 피아니스트 아내를 둔 클레는 원래 음악가로 키워졌다고 한다. 그는 오케스트라와 협연할 정도의 바이올린 실력으로 평생 음악을 즐기고 사랑했다. 같은 바우하우스Bauhaus 교수이자 절친한 친구인 칸딘스키Wassily Kandinsky와 함께 실제로 음악의 모티브를 시각적 예술로 바꿀 수 있는 방법을 고민하고 실험하기도 했다. 그래서 그의 그림에서는 리듬과 악센트, 멜로디가 몽글몽글 솟아나는 느낌을 받는다. 클레와 친분이 있었던 시인 릴케Rainer Maria Rilke가 지인에게 보낸 편지에는 클레를 두고 "그가 바이올린 연주를 한다고 알려주지 않았어도 나는 그의 그림이 음악을 옮겨 적은 것이라고 생각했을 것"이라는 내용이 들어 있기도 하다.

　클레는 시인이기도 했다. 생전에 그의 시가 출판된 적은 없지만 사후에 발견된 많은 시들이 세상에 알려졌다. 그의 그림만큼 재미있는 것은 사실 그가 그림에 붙인 제목들이다. 〈물고기 마법Fish Magic〉이라든가 〈편지 유령Letter Ghost〉 같은 작품은 그 이미지만큼이나 제목이 시적이고 매력적인데, 클레는 제목을 붙이는 일을 세례에 비유했다. 꼭 맞는 이름을 붙임으로써 작품이 새롭게 태어나 생명을 얻는다는 의미다. 내가 그의 이름을 불러주었을 때 그는 나에게로 와서 꽃이 되었다는 김춘수의 시 〈꽃〉에 향기롭게 표현된, 이름을 부른다는 행위의 마법을 가

파울 클레, <물고기 마법>, 1925

파울 클레, <편지 유령>, 1937

슴 깊이 이해하고 있었을 클레다. 자신이 탄생시킨 작품에 하나하나 세례를 주는 화가. 다소 무책임하게도 보이는 <무제>란 제목이 드물지 않은 미술계에서 반짝이는 눈으로 한 작품 한 작품 응시하며 어떤 이름으로 부를지 고민했던 이 화가의 모습과 그 안에 담겼을 즐거운 두근거림을 나는 상상하곤 한다.

또한 클레는 현대사회에서 테크놀로지의 영향이라든가, 제1차 세계대전을 겪고 실제 군인으로 참전하면서 목격한 여러 단상, 조국 독일을 나치의 광기로 몰고 간 정치적 망령과 관련된 예리한 통찰들을 작품에 담았다. 실제로 20세기 유럽에서 활동한 주요 철학자들은 대부분 클레의 작품을 접했고 그중 다수가 그에 관한 철학적 평론을 남기기도 했다. 이런 사실을 몰랐을 때부터 나는 클레의 작품에 빠져 있었는데, 클레와 철학자들의 접점을 알고 나서 나의 팬심은 오븐 속 빵처럼 더욱

10. 가면 쓴 사람들의 슬픔과 기쁨

통통하게 부풀어버리고 말았다. 아주 심플한 선 몇 개로 무한하고 복잡한 생각을 하게 만드는 매력이 있으니 사유를 즐기는 철학자들이 모여든 건 자연스러운 일이 아니었을까. 송사리인 나조차도 그림이 주는 사유의 폭에 혹할 정도였으니까. 〈앙겔루스 노부스Angelus Novus〉는 벤야민Walter Benjamin이 직접 작품을 구입해 명상의 대상으로 삼고 이에 관한 철학적 평론을 남긴 것으로 유명하며, 〈문A Gate〉에 대해서는 하이데거Martin Heidegger가 글을 남겨 주목을 받은 적이 있다.

개인적으로는 클레가 남긴 말 중 "예술은 보이는 것을 재현하는 것

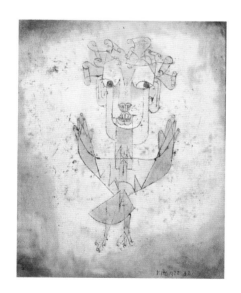

파울 클레, 〈앙겔루스 노부스〉, 1920

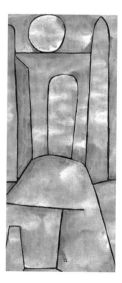

파울 클레, 〈문〉, 1939

이 아니라 보이지 않는 것을 눈에 보이게 만드는 것이다"라는 말이 철학과 클레 작품들 사이의 매력적인 관계를 드러내는 정수라고 생각한다. 눈에는 보이지 않지만 분명히 우리 주변에, 우리 생각 속에 존재하는 관념들을 눈에 보이게 만드는 것. 이런 클레의 예술관은 바로 내가 쓰고 있는 이 책의 의도를 관통하기도 한다. 관념을 눈에 보이게 하는 작품들. 사람들에게 물음표를 띄우고 사유하게 만드는 작품들. 그래서 나는 클레가 그렇게 좋았던 것 같다.

| 공포의 가면과 파시즘 |

한때 파시즘에 관심이 있었다. 매력을 느꼈다는 게 아니라 세상을 대차게 휘저었던 이 희한한 광기에 철학적 관심이 있었다는 말이다. 파시즘을 주제로 학위 논문을 쓸까 심각하게 고려했던 적도 있다. 다행히 지도교수님께서 다정히 술 권하며 말리셨다. 대책 없이 매력을 느끼는 주제보다는 기본기가 닦여 있어 잘 파고들 수 있는 주제를 택하는 편이 좋다고. 파시즘은 사실 산뜻하게 정의하기도 어려운 개념이다. 그래서 나는 그동안 이리저리 주물러왔던 '공포'라는 보다 근본적인 개념으로 마음을 틀었지만 파시즘은 여전히 내 눈과 귀를 사로잡는 주제다. 우리가 여전히 파시즘의 시대에 살고 있기 때문인지도 모르겠다. 자유민주

▪ Art does not reproduce the visible; rather, it makes visible.

주의 사회에 살고 있다고는 하지만 파시즘의 망령과 부스러기는 아직도 우리 사회 구석구석에 찐득하게 붙어 있다. 억압의 문화라든가 폭력적인 권위주의, 돌아보면 군대식 집단주의 훈련이었던 극기훈련 같은 것들. 그런 것들 안에 눈을 말똥말똥 뜨고 들어앉아 있어도 너무 익숙하고 자연스러워서 정작 우리는 잘 인지하지 못하는 경우가 많다.

〈공포의 가면Mask of Fear〉이라는 클레의 그림이 있다. 히틀러가 독일에서 권력을 차지하기 바로 전날 그려졌다고 한다. 클레는 비관적인 주제를 다루면서도 늘 아이러니나 코믹함을 잘 배합해 밸런스를 맞추는 편이었다. 이 작품도 단순한 데다 익살스러운 분위기마저 있는데, 그럼에도 불구하고 보고 있으면 약간 소름이 끼친다. 나치즘에 열광하는 사람들의 이미지가 오묘하게 겹쳐지기 때문이다.

클레는 우선 꼬부라진 단순한 선 하나로 누가 봐도 히틀러가 떠오를 법한 장치를 해두었다. 제목에 따르면 마스크, 즉 가면인 걸로 보이는 기다란 얼굴 뒤로 사람들이 숨어 있고 그 아래로 다리만 보이는 형태가 중앙에 크게 자리 잡고 있다. 눈은 초점을 잃고 텅 비어 있다. 그들이 바라본 미래가 얼마나 공허한 것이었는지를 생각하면 굉장히 멋지게 표현된 눈이다. 텅 빈 눈인데도 뭔가를 집요하게 응시하는 듯한 느낌. 저 눈이 가장 소름 끼쳤다. 이 단순해 보이는 그림 속에 파시즘의 본질이 다각도로 굉장히 의미 있게 구현되어 있는데 그중에서도 백미가 바로 이 눈이 아닐까 싶다.

파시즘을 정의 내리기란 쉽지 않지만 파시즘의 가장 큰 특성은 어

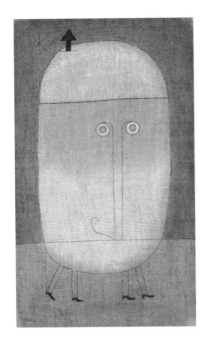

파울 클레, <공포의 가면>, 1932

나치즘에 열광하는 사람들

렵지 않게 꼽을 수 있다. 바로 '부정'의 사고 체계이자 행동 체계라는 점이다. 자기가 추구하는 어떤 목표나 가치가 있어서 그리로 간다기보다, 다른 것들을 철저히 부정하면서 자신의 존재 의의를 입증하려고 했던 사상이다. '나는 이런 생각을 하고 있고 이런 꿈을 이루고 싶어'라며 자신이 가진 매력으로 상대를 끌어들이는 게 아니라 '얘도 글렀고 쟤도 나쁘고 개도 몹쓸 놈이고 그러니까 나만 바라봐'라고 겁을 주어 상대를 잡아두는 사상. 그래서 파시즘을 정의하려는 시도를 했던 학자들은 어떤 특정한 내용으로 규정하기보다는 오히려 그들이 반대한 것들의 리스트를 통해 미러 이미지mirror image를 살펴보는 편이 파시즘을 이해하는 좋은 방법이라고 말한다. 자신만의 가치나 이상이 부재했던 파시즘을 표현하는 데 저 텅 빈 듯 공허한

10. 가면 쓴 사람들의 슬픔과 기쁨

눈알만큼 효과적인 이미지가 있을까. 게다가 나만 바라봐야 하니까 텅 빈 가운데서도 눈동자만큼은 또렷하게, 뭔가 텅 빈 또 다른 것을 응시하는 중이다.

파시즘은 이렇게 부정을 통해 수많은 적을 만들어두고 대중의 공포를 조장한다. 얘도 나쁘고 쟤도 몹쓸 놈인데, 문제는 너무 다양하고 이질적인 타자들을 부정하기에 남는 것이 거의 없다는 점이다. 민주주의도 싫고 사회주의도 싫고 자유주의와 개인주의도 꼴 보기 싫고 국제주의적 이상도 싫다. 모두 적이다. 이렇게 세상에 믿을 게 하나 없고 다 무서운 적이라는데 사람들 마음속에 불안과 공포가 스미는 것이 당연하다. 지푸라기라도 잡고 싶은 대중에게 파시즘이 권한다. 이 혼란스럽고 기댈 곳 없는 세상에서 그래도 너를 지켜줄 강력한 지도력을 한번 믿어보라고. 그래서 그림 속 발들은 어딘가로 이끌려 향하고 있다.

눈만큼이나 이 발들도 의미심장하다. 신고 있는 신발이 군화가 아니라 정장 구두로 보인다는 점이 특히 재미있다. 파시즘은 주로 대중적 지지를 업은 민족주의 정당이 전통적인 엘리트층과 희한한 형태로 결합하여 나타난다. 그러므로 그림 속 발들이 신사들이 신을 법한 구두를 신고 있다는 점은 꽤 의미 있는 설정이다. 계몽주의적 이성을 부정하면서도 그 산물인 현대의 기술문명을 적극적으로 받아들인 것이 파시즘이고, 그 안에서 엘리트 계급은 국가의 중추를 이루어 활약했다. 한 명이 아니라 여러 명임을 나타나는 네 개의 발. 대중의 열광과 지지가 없었다면 불가능했을 이 희대의 광기를, 클레는 줄지어 어딘가로 향하는 여러 개의 구두 신은 발로 효과적으로 표현했다. 사람들은 가면 뒤에 숨어서 부지런히 어딘가로 가고 있다.

코 밑으로는 입이 없다. 지면으로 보이는 것과 이어진 선이 얼굴 하단을 분할하고 있는데 딱히 입 같지는 않다. 설령 입이라 하더라도 말을 하려는 입이 아니라 꾹 다물려 결코 열 일이 없어 보이는 입. 내 할 말을 하는 입은 없지만 왠지 넷이나 붙은 다리들이 뭔가를 부지런히 옮기는 모양새다. 뒤통수에는 안테나 같은 것이 달려 있어서 그 안테나를 세워두고 어디선가 내용을 전달받는 허수아비처럼 보이기도 한다. 아니면 무선으로 조종되는 자동차 같은 느낌이랄까. '발 없는 말이 천 리 간다'는 속담을 '입 없는 발이 천 리 간다'로 바꾸면 왠지 그럭저럭 들어맞을 것 같다.

머리에는 위쪽을 향한 검은색 화살표가 달려 있다. 그 의미가 무엇일지 궁금하다. 파시즘은 공동체의 쇠퇴와 굴욕에 대한 두려움을 상쇄하고자 일체감이나 순수성을 숭배하는 경향을 보이는데, 그런 상징으로 들어간 기호라면 썩 잘 어울릴 것 같다. 예를 들어 아리아 인종의 순수성을 찬양한다든가, 전쟁과 폭력을 미화한다든가, 신화나 청춘을 예찬한다든가. 이런 찬양과 미화 같은 행위를 통해 자신이 스스로 위쪽으로 올라간다는 믿음. 즉 고양되고 순수해진다는 자기도취적 신앙 같은 걸 가졌던 것이 파시즘이다. 즉 일관된 사고 체계도 보편적 가치도 없이, 이성을 의지로 대체하겠다는 것이 파시즘이다. 파괴와 폭력을 통한 상승의 힘을 표방한다는 점에서, 검은색 화살표를 그 어둡고 탁한 의지의 상향적 움직임의 표상으로 본다면 꽤 어울리지 않을까.

　그러면 모든 것을 부정한 뒤에 남는 건 뭘까. 모든 이념이나 가치를 부정하고 나면 대안조차 부재한 것이 사실이다. 파시즘은 이 텅 빈 공간에 신학적인 차원의 상징과 열광을 집어넣었다. 파시즘의 전략처럼 '부정'하는 것만으로, 즉 아무런 알맹이가 없는 채로 사람들을 결합하고 열광을 이끌어내기는 쉽지 않다. 그래서 파시즘은 상징을 만들어내는 데 골몰한다. 자유주의에 어떤 상징이 있는지, 민주주의에 어떤 상징이 있는지 묻는다면 당황스럽겠지만 파시즘이라면 우리는 단박에 이세상 불교 신자들의 심기를 다소 불편하게 만드는 하켄크로이츠卐를 떠올릴 수 있다. 자유주의자가 어떤 옷을 즐겨 입냐고 물어본다면 이건 대체 무슨 질문인가 싶지만, 파시스트들이 어떤 옷을 입냐고 물어보면 바로 우리는 연예인들이 가끔 입고 나와 논쟁을 일으키는 특정한 색상과 디자인의 제복을 떠올릴 수 있다. 민주주의자가 어떻게 행동하고 인사하는지 묻는다면 내가 무슨 잘못을 했기에 오늘 자꾸 이런 질문을 받나 싶겠지만, 파시스트들에겐 70년대 가요계를 휩쓸던 남진 선생님이 저 푸른 초원 위를 가리킬 때와 비슷하게 손을 45도 각도로 들어 올리는 특정한 인사법이 있었다. 자유나 정의나 평등 같은 가치로 사람을 모을 수 없었던 파시즘은 이렇게 기호와 복장과 스타일 같은 것으로 사람들을 모았고, 희한하게도 사람들은 그리로 소리를 지르며 모여들었다.

　이 그림을 같이 보던 친구가 첫마디로 대뜸 나에게 "슬픈 건가?"라고 되물었다. 가면의 얼굴이 길다는 점을 지적한 건데, 영어로 'long face'라는 표현은 슬프고 시무룩한 얼굴을 일컫는 말이다. 기분이 울적하면 다문 입술에 입꼬리가 내려가서 얼굴이 전체적으로 길어 보이기 때문이다. 모가지가 길어서 슬픈 짐승이 아니라 얼굴이 길어서 슬픈 짐승이다. 클레가 그런 것까지 염두에 두었는지는 모르겠지만 공포의 가면이 슬픈 얼굴이라니 꽤 그럴듯하다. 두려워서 슬프고, 슬픔으로 두려움을 감추기도 하는 인간들. 나는 무엇보다 파시즘의 등장이 슬프고 파시즘의 이름으로 행해졌던 일들이 슬프다.

| 집단의 가면과 개인의 가면 |

다음은 〈코미디언Comedian〉이라는 제목이 붙은 클레의 작품들이다. 클레는 이처럼 마스크, 즉 가면이라는 소재와 인간 내면 간의 상호작용에 꽤 깊은 관심을 보였다. 인간의 두 얼굴이랄까, 인간 본성의 두 측면이랄까. 그림을 보면 가면의 표정과 그 뒤의 얼굴 표정 사이의 온도차가 상당하다. 우리 안에서 일어나는 복잡한 소용돌이와 그것을 때로는 가리고 부정하고 싶은 마음을 시각적으로 보여주는 작품들이다. 인간 영혼의 파산 상태였던 파시즘이 썼던 가면, 입 없이 공허하고 집요한 눈만 휑하니 빛나던 그 어두운 얼굴 뒤에 가려진 진짜 얼굴을 클레는 보여주지 않았다. 그 뒤에 있던 사람들은 어떤 표정을 하고 있었을까.

인간에겐 숨어서 안락함을 느낄 곳이 필요할 때가 있다. 집에 돌아

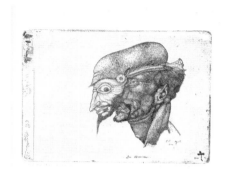

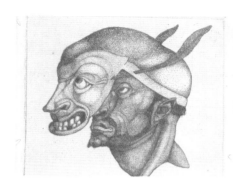

파울 클레, <코미디언>, 1903   파울 클레, <코미디언 II>, 1904

와서 굽 높은 구두나 꼭 끼던 청바지 같은 허물을 한 겹씩 벗고 화장을 지우며 편안함을 느끼듯이, 얼굴에 썼던 가면이나 거추장스럽게 몸에 붙였던 것들을 내려놓을 수 있는 시간과 공간이 필요하다. 날것 그대로의 표정을 장착하고 삶을 살아가기 버거울 때가 종종 있지 않은가. 상처 받은 내 표정을 그대로 드러내기보다 공허한 미소 뒤에 숨기는 쪽이 편할 때가 있다는 사실을 우리는 안다. 속에는 욕망이 들끓어도 표정은 차분하게 유지해야 할 때도 있다. 그래서 개인적으로 썼다 벗었다 하는 가면이야 인생의 필수품 같기도 하다. 하지만 공동체가 집단적으로 쓰는 가면은 클레의 그림처럼 기괴하고 슬프며 소름 끼친다.

한편으로는 인간이 가면 뒤에 숨었을 때 어느 정도 자유로워지는 면이 있는 것도 사실이다. 원래도 그다지 화장을 잘 하지 않는 나는 코로나 바이러스로 마스크를 쓰고 다니는 동안 반대급부로 획득한 민낯의 편안함이 새삼 좋았고, 엄마를 잃고 귀국하는 비행기 안에서는 마스크 뒤에서 마음 놓고 못생긴 얼굴을 하고 펑펑 울 수 있었다. 그런데 이런 마스크 뒤의 자유나 해방감이 집단적 차원으로 가면 얘기가 좀 달라진다. 집단에서 내거는 어떤 단어나 문구 뒤에 숨어버리면 개인은 죄책감을 덜고 자유를 느끼게 되는데, 그것이 집단적 방종이나 광기로 흐르면 결국 책임은 아무도 지지 않게 되기 때문이다.

제2차 세계대전 후 전범 재판에 회부되어 법정에 섰던 일본인들의 경우가 특히 그랬다. 왜 전쟁을 성전聖戰이라고 불렀냐는 재판장의 질문에 전 조선총독 미나미 지로는 "그 당시에는 일반적으로 성전이라고 부르고 있었기 때문에 그렇게 부른 것입니다"라고 대답했다. 어디에 그런 '성스러운' 부분이 있었다고 생각하느냐는 질문을 재차 받고서도 그는 "그렇게 자세하게 생각했던 것은 아니며 당시에 그것을 일반적으로 성전이라고 부르고 있었기 때문에 그런 용어를 쓰게 되었던 것입니다"라고 대답한다. 비슷하게 1938년 삼국동맹 교섭의 경위에 관한 질문에서 전 주독 대사인 오오시마 중장은 답변에서 '나'라는 일인칭을 없애는 대신 끊임없이 '국가'라는 삼인칭을 넣어 대답함으로써 검찰관과 실랑이를 벌인다. "당신은 반대했습니까?"라고 묻는 검찰관에게 "일본에서 반대하고 있었습니다"라고 대답하고 검찰관이 재차 "그 견해가 곧 당신의 견해가 아니었습니까?"라고 묻자 협정의 이익이나 목적 같은 국가적 차원의 단어 뒤에 끊임없이 매끄럽게 숨어들어간다. 이 전범 재판의 법정에서는 서로 다른 쪽에 책임을 떠넘기는 장면이 흔했고 책임 주체가 공중에 붕 떠버리는 경우가 허다했다. 일본의 최고 엘리트라는 사람들이 개인으로서는 그 어떤 생각도 결정도 단단히 내리지 못하고 국가와 사회라는 애매모호한 장막 안에 숨으려는 모습을 보다 보면 어이가 없다 못해 가엾은 느낌마저 든다.

우리는 한때 엄청난 집단성의 시대를 살았다. 대통령이 작사 · 작곡했다는 새마을 노래가 아침저녁으로 울려 퍼지며 새벽종이 울렸으니 이제 일어나 일하시라 권했고, 동네 꼬맹이들은 2루타가 될 건지 3루타가 될 건지의 위급한 상황에서도 저녁 6시가 되어 애국가가 울려 퍼지면 국기가 하강하고 있을 것으로 추정되는 곳을 향해 부동자세로 서 있어야 했다. 영화 에피소드로도 등장하듯이 6시에는 부부싸움을 하다가도 잠시 멈췄다. 우리는 태극기 앞에서, 뭔지는 모르겠지만 아무튼 몸과 마음을 바쳐 충성을 다할 것을 맹세하곤 했었다. 시간은 흘러 우리는 점점 개인화된 시간 속에서 살고 있다. 하지만 시간은 개인화되었으되 그 안의 사람들은 아직 충분히 개인화되지 못했다. 생애주기별로 사회적으로 합의된 정답이 존재하며 다양한 선택지가 없는 나라. 유행에 극도로 민감해서 검은 롱패딩 같은 국민 유니폼이 속속 등장하는 나라. 우리는 개인화된 시간 속에 살지만 아직 충분히 개인화되지 못했고, 민주주의 사회에서 살고 있지만 아직 충분히 민주주의자가 되지 못했다.

파시즘은 일관성 있는 체계와는 거리가 멀기에 오히려 어떤 이념과도 손쉽게 결합한다. 파시즘이라는 슬픈 광기가 세력을 넓히지 못하게 하려면 가장 먼저 경계해야 할 것은 아마 집단의 이름으로 쓰는 가면일 것이다. 집단의 이름으로 가면을 쓸 것이 아니라 개인의 자격으로 시민의 이름으로 연대해야 한다. 초록은 동색이라 하지 말고 조니 캐시Jonny Cash가 노래하듯 초록은 마흔 가지 색이라고 말하면 좋겠다.

다행히 세상은 조금씩 변해왔다. 최근에 황지우 시인의 시집을 다시 들었다가 아래의 시를 읽었다.

어제 나는 내 귀에 말뚝을 박고 돌아왔다
오늘 나는 내 눈에 철조망을 치고 붕대로 감아버렸다
내일 나는 내 입에 흙을
한 삽 처넣고 손으로 막는다

날이면 날마다
밤이면 밤마다
나는 나의 일부를 파묻는다
나의 증거 인멸을 위해
나의 살아 남음을 위해

-황지우, 〈그날그날의 현장 검증〉, 《새들도 세상을 뜨는구나》(1983, 문학과지성사)

우리는 아직도 어떤 의미에서는 이 시의 화자 같은 내적 자기 검열을 끊임없이 하고 산다. 하지만 감사하게도 귀에 말뚝을 박고 눈에 철

10. 가면 쓴 사람들의 슬픔과 기쁨

조망을 치고 입에 흙을 한 삽 처넣는 시대에서는 벗어났다. 이제는 체제나 이념의 문제라기보다 개개인이 삶을 대하는 태도나 가치관의 문제다. 나는 우리 사회에서 발생하는 꽤 많은 문제가 집단과 개인 사이의 긴장관계에서 온다고 생각한다. 피땀 흘려 껍데기는 바꾸었는데 그 안에 들어앉은 사람들이 아직 덜 바뀌었달까. 오롯이 강한 자아를 가진 건강한 개인으로 존재하는 일, 적절한 책임의식과 연대의 따뜻함을 가진 시민으로 살아가는 일, 그동안 강제적으로 써왔던 집단의 가면이 얼굴뿐 아니라 마음속 깊은 곳에서도 벗겨지는 일이 필요할 것이다.

| 우리는 모두 능력자다 |

사실 가면이라는 게 꼭 나쁜 건 아니다. 슈퍼 히어로도 대체로 가면을 쓴다. 그때그때 가면을 장착하고 변신하는 것은 인간이 가진 놀라운 능력이기도 하다. 나는 꼬맹이들 앞에서는 목소리가 달콤해지고 톤이 살짝 올라가는 편이다. 학생들 앞에서 강의할 때는 프로페셔널하게 보이지는 못하더라도 망나니로 보이는 것만큼은 자제하려고 노력했다. 사랑하는 친구들 앞에서는 한없이 풀어지지만 그래도 어른들 앞에서는 몸가짐을 단정히 하려고 노력한다. 때와 장소에 맞는 가면과 태도를 장착하는 일은 꽤 중요하고 꼭 필요한 일이다.

루소는 인간만이 가진 특별한 능력으로 '적응성'을 제시한 바 있다. 적응성 때문에 인간의 본성은 좋은 방향으로도 안 좋은 방향으로도 변할 수 있다고 했는데, 인간이 적절히 가면을 썼다 벗었다 하면서 스스로 변신할 수 있는 능력은 분명 적응성에 도움을 주는 요소다. 즉 가면을 쓸 수 있는 존재라는 것은 우리의 잠재력이 그만큼 크다는 얘기가 된다. 우리는 모두 능력자다.

불교에서는 존재의 근원을 공空이라 한다. 공이란 글자는 구멍 혈穴 자 밑에 장인 공工 자를 받쳐 만든 것이다. 장인 공이라는 글자는 목수가 작업할 때 사용하는 자의 모양을 본떠 만들었으니, 빌 공空 자는 장인이 도구를 사용해서 파헤쳐놓은 구멍이나 굴 같은 것이 비었다는 뜻이라고 한다. 그런데 나는 '구멍과 도구'라는 이 조합을 '인간 존재와 가면'의 조합으로 보면 더 재미있을 것 같다. 인간은 빈 구멍 같은 존재고 적절한 가면이라는 도구를 통해 다른 존재로 변신하며 스스로를 발전시키기도, 키워가기도, 위로하기도 한다는 것.

인간은 비어 있는 존재다. 어느 한 가지 모습으로 고정된 존재가 아니다. 나는 불행한 인간이 아니라 그저 불행한 순간이 나를 지나갈 뿐이다. 나는 악한 인간이 아니라 악한 마음이 잠시 나를 스쳐갈 뿐이다. 나는 명예로운 인간이 아니라 명예가 잠시 나에게 와서 머물 뿐이다. 우리가 비어 있다는 점, 딱딱한 돌이나 껍데기처럼 굳어 있는 존재가 아니라 마음에 따라 얼마든지 다른 존재로 말랑하게 변신할 수 있는 능력자라는 점은 우리 삶을 한층 다양하고 즐겁게 한다. 비어 있는 구멍을 좋은 것으로 채우려고 노력하고 좋은 방향으로 변해가는 것. 이것이 인간이 가진 고유한 능력이다.

자유로운 개인이 적절히 사용하는 가면은 빈 구멍 안으로 상쾌한 바람을 통하게 하는 통로가 될 수 있다. 그런데 집단 구성원들이 하나의 가면을 쓰는 순간 그 집단은 가면으로 인해 경직된다. 그 뒤에 있는 사람들이 천편일률적이거나 모두가 동일한 생각을 할 리가 없는데 가면으로 대표되는 하나의 얼굴만 보게 되기 때문이다. 다 함께 뒤집어썼으니 나만 벗기도 눈치 보인다. 다시 보니 클레 그림 속 공포의 가면은 꼭 조약돌처럼 생겼다. 굳은 존재, 고정된 존재, 적응성이라고는 비비고 들어갈 틈이 없어 보이는 딱딱한 누런 돌. 우리는 적응성을 가진 능력자들이라는 사실을 잊지 않았으면 좋겠다. 우리 자신도, 우리가 모여 사는 사회도, 우리가 살고 있는 시대도, 마음먹기에 따라 좋은 방향으로도 안 좋은 방향으로도 만들어갈 수 있는.

11.

나는 '나'를
어떻게
생각하는가

**신과 죽음,
그리고 전쟁 속에서
발견한 개인**

미술관을 돌다 보면 인류가 스스로를 어떻게 생각해왔는지 그 변천사가 보이곤 한다. 그중 가장 흥미로운 세 가지를 꼽으라면 나는 '신을 표현하는 방식', '죽음이 그려지는 방식', '전쟁을 기억하는 방식'의 변천사를 꼽겠다.[*] 이번 글은 이 세 가지를, 아니 각주로 뺀 부분까지 네 가지를 조금씩 호로록 맛보는 샘플러식으로 구성해볼 생각인데, 우리가 맥주 샘플러 속 다양한 맛을 음미하면서 '맥주란 참 아름다운 음료로다' 하는 궁극의 결론에 도달하듯이 이 샘플러 속 그림들을 보면서 '우리가 스스로를 바라보는 눈은 이렇게 변화했구나' 하는 인상을 받을 수 있었으면 한다. 주제는 인간, 정확히는 개인의 발견이다. 철학적으로도

▪ 변화가 가장 느려터진 것은 아마도 여성이 화폭에 담기는 방식일 것이다.

종교적으로도 굉장히 중요하고 재미있는 순간이다.

| 신성한 인물을 그리는 방식 |

서양 미술에서 신은 좀처럼 웃지 않는다. 유학 시절 학생증이라는 마법의 카드를 제시하고 마음껏 드나들던 미술관에서 가장 들어가기 싫었던 곳은 중세관, 즉 중세 시대 미술품들을 모아둔 전시실이었다. 사람을 압도하는 위용도 위용이지만 엄숙한 속박의 분위기가 갑갑했고 무엇보다 표정들이 무서웠다. 대체로 인체의 비례가 맞지 않아 약간 기괴하게 보이는 것도 한몫했다. 전시실마다 색깔을 붙인다면 중세관은 그 안에 든 그림들의 찬란한 금빛과 특유의 푸른빛에도 불구하고 내게는 왠지 검은 연기가 피어오를 법한 진회색이었다.

예수님이야 워낙에 십자가에 매달려 고통을 받으셨던 분이라 그렇다 쳐도 아기 예수를 안은 마리아 님도 좀처럼 웃지를 않으셨다. 나는 버진 앤드 차일드Virgin and Child, 혹은 마돈나 앤드 차일드Madonna and Child라고 이름 붙은 종교 예술 장르를 들여다보길 좋아하는데, 어머니와 아이라는 소재 자체도 마음을 끌지만 이 장르만 훑어봐도 신성한 인물이 그려지는 방식의 변화가 굉장히 재미있게 드러나기 때문이다. 다음 사진들은 차례로 12세기, 15세기, 17세기의 작품들이다. 시간의 궤적을 따라 마리아와 아기 예수님이 변해가는 모습이 참 흥미롭다.

가장 먼저, 1175~1200년경 프랑스 북부에서 만든 것으로 추정되

작자 미상, <권좌에 앉은 성모와 아기 예수>, 1175~1200년경

는 목각품이다. 12세기의 마리아 님은 권좌에 앉은 것이 여왕의 모습에 가깝다. 초기의 마리아는 이렇게 장식이 달린 높은 의자에 앉아 근엄하게 정면을 바라보는 모습이 많다. 우리보다 한 단계 높은 곳에 있는, 범접하기 어렵고 신성한 분이었다는 뜻이다. 이때는 영적인 인물일수록 눈을 부라리며 딱딱하게 굳은 표정을 했는데, 아마 희로애락에 좌우되지 않는 고상한 영혼을 표시하는 방법이었을 것이다.

무표정도 무표정이지만 당최 성별을 짐작하기 어려운 모습을 하고 있는 것도 특징이다. 이 작품은 그래도 표정에 살짝 평화가 깃들어 보이기도 하는데 당대의 작품들을 보면 딱딱하기 그지없는 중성적인 모습이 많다. 인류 역사의 첫 밀레니엄 동안 여성의 이미지는 그리 좋은 것이 아니었기 때문이다. 남성에 비해 열등하거나 주로 나쁘고 유혹적인 이미지로 잘못 찍히는 바람에, 이 시기의 예술품에서는 우리가 지금 일반적으로 생각하는 여성 이미지 자체가 귀한 편이다.

이 작품에서 눈길을 더 끄는 것은 아기 예수의 모습이다. 아기가 저렇게 현자 같은 표정으로 허리를 곧게 펴고 각 잡고 앉아 있다니. 아이의 백일 사진이나 돌 사진을 찍어본 사람들은 알겠지만 아기로서는 거의 기적에 가까운 자세를 유지하고 있는 셈이다. 당시의 사람들은 마리아도 아기 예수도 인간의 느낌으로 보지 않고 초월적인 존재로서 신의 이미지를 강하게 덧씌워 보았다는 얘기다.

다음은 베니스에서 활동했던 비토레 크리벨리Vittore Crivelli의 채플 제단화 일부다. 15세기에서 16세기에 이르는 르네상스 시대를 거치면 마리아도 아기 예수도 좀 더 인간처럼 피가 돌고 포동포동하게 살이 오른다. 마리아는 젊어졌다. 자태도 근엄한 여왕보다는 우아한 공주님의 모습이 되었다. 어린 시절 색칠공부에서 볼 수 있었던 저 전형적인 공주님 손가락을 보라. 왕관을 쓰고 화려하게 장식된 옷을 입어 고귀한 인물임이 한눈에 드러나는데, 진짜 금을 사용했기 때문에 반짝임도 찬란해서 직접 보면 마치 금빛 은혜가 나에게 가만히 내리는 느낌이 드는 작품이다. 하지만 세상의 피곤을 다 짊어진 듯한 저 무표정이 나는 늘

비토레 크리벨리, 채플 제단화 일부, 1481

아쉬웠다. 마치 밤중 수유를 하느라 몇 날 며칠 잠을 못 자던 나의 몇 년 전 표정 같다면, 나란 인간은 너무 불경한 것인가.

이 시기의 마리아 님들은 젊고 아름다워졌지만 대체로 저렇게 무표정을 유지한다. 웃음이라는 것은 그렇게 너무나도 인간적인 감정의 표현인 것일까. 하지만 변화는 생겼다. 예전처럼 너의 속을 꿰뚫어 보겠다는 듯 근엄하게 정면을 보지 않고 조용히 시선을 내리는 경우가 많아졌다. 높고 화려한 옥좌에서 내려와 종종 평평한 단상이나 바닥에 앉게 되었고, 선 자세로 자연스럽게 아름다운 곡선을 드러내는 경우도 늘어났다. 아기 예수도 조금 더 아이다워진다. 이 작품에서는 엄마처럼 세상 피곤한 표정을 따라 하며* 손을 들어 세상에 은혜를 내리고 있지만, 이 시기의 아기 예수님들은 책을 보며 장난을 친다든가 하는 좀 더 천진한 모습으로 변한다. 이 작품에서도 자세만큼은 엄마에게 좀 더 편안히 몸을 맡긴 어린아이답지 않은가. 신적인 인물들 안에 서서히 인간의 기운이 스며드는 셈이다.

하지만 크리벨리의 그림 속 인물들은 결정적으로 여전히 머리 위에 신성을 표현하는 금빛 헤일로를 달고 있으며 그림 안에는 종교적인 심벌도 많이 보인다. 여기선 그림 일부만 먼저 소개하지만**이 화려한 제단화 안에는 마리아를 상징하는 책이나 컵, 흰 장미 같은 전통적인 도상이 즐비하다. 날개 달린 천사들이 이들을 에워싸고 마리아의 뒤로는 악을 상징하는 벌레가 빼꼼히 기어 나오는 사과도 걸려 있다. 누가 봐도 이들은 고귀하신 마리아 님과 아기 예수님인 것이다.

이번에는 스페인의 후세페 데 리베라José de Ribera가 1646년에 그렸을 것으로 추정되는 작품이다. 17세기의 이 그림은 언뜻 보면 그냥 엄마와 아기를 그린 그림 같다. 전통적으로 마리아가 입었던 빨강 옷과 파랑 망토만 아니라면 이들을 마리아와 아기 예수로 볼 만한 힌트가 전혀 없다. 서양미술에서 빨간 옷에 파란 망토라는 흔치 않은 조합의 옷을 입은 분이 계시면 대체로 마리아 님이다. 빨강은 사랑과 헌신을 담

■ 　두 분은 대체 오늘 어떤 일정을 소화하신 걸까.
■■ 　글의 뒷부분에서 제단화의 전체 모습을 감상할 수 있다.

후세페 데 리베라, <마리아와 아기 예수>, 1646 추정

은 모성의 색이고 파랑은 순결함과 고귀함을 상징하는 색이라고 한다. 크리벨리의 그림 속 마리아도 찬란한 금빛 때문에 눈에 잘 띄지 않지만 빨간 옷에 파란 망토를 걸치고 있다.▪

후세페 데 리베라의 마리아는 비로소 여왕님도 공주님도 아닌 어머니의 모습이 되었고 보일락 말락 한 미소를 입가에 걸치고 있다. 아기

▪ 인류를 구원하는 슈퍼맨은 반대로 파란 옷에 빨간 망토를 걸친다. 원더우먼은 빨간 탑에 파란 하의 차림이다. 인류를 구원하시는데 옷을 좀 더 따뜻하게 입히면 좋겠다.

예수는 저 통통한 세 손가락이 트리니티trinity, 즉 삼위일체를 표현하는가 싶기도 하지만 그야말로 아기답게 엄마 품에 자석처럼 착 붙은 귀여운 모습이 되었다. 크리벨리의 아기 예수는 누가 봐도 아이가 할 법하지 않은 손가락 모양을 하고 있지만, 이 그림 속의 아기 손가락은 그 안에 상징적 의미가 있다 해도 무척 자연스럽다. 우리가 사랑해 마지않는 소시지 같은 팔이며 곰돌이 푸처럼 동그란 배는 정말이지 엄마 미소를 짓게 한다. 심플한 구도지만 정면을 바라보지 않고 자연스럽게 비껴 앉은 모습은 우리도 편하게 하고 그들도 편해 보이는 구도다. 편하게 내 말을 들어줄 것 같은 옆집 여인과, 꼭 안아보고 싶은 그 집 아이 같은 느낌이랄까.

12세기의 마리아는 내 마음을 위축되게 했고, 15세기의 마리아는 소원을 빌고 싶은 마음이 들게 했다면, 17세기의 마리아는 마음을 편히 내려놓게 한다. 신성한 인물이 그려지는 방식은 이렇게 드라마틱하게 변해왔다. 이렇게 점점 피가 돌고 소박해지는 마리아와 아기 예수의 모습을 통해 우리는 인간과 신의 관계가 그리는 곡선이 어떤 모양으로 변해왔는지, 인간은 스스로 신과 어떤 관계를 맺어왔는지, 그 조각들을 단편적으로나마 효과적으로 음미할 수 있다.

| 죽 음 을 그 리 는 방 식 |

죽음이 그려지는 방식에서는 '개인의 발견'이라는 역사적 변화가 보

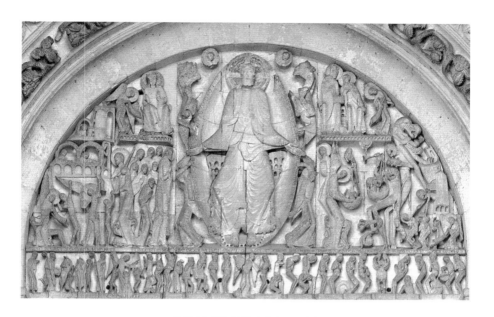

생 라자르 성당의 최후의 심판, 1130년경

다 농후하게 드러난다.[*] 이를 가장 단적으로 보여주는 것이 바로 최후
의 심판을 표현한 작품들이다.

　프랑스의 오툉 생 라자르 성당Cathedral of St. Lazarus에 달린 팀파눔
이다. 성당 정문 위쪽을 장식하는 돌조각인데, 12세기 초에 제작된 작
품이라 인체 비례가 맞지 않아 다수의 인물이 모델 비율을 자랑한다.
도대체 몇 등신인지 가늠도 안 될 만큼 다들 무섭도록 훤칠하다. 정중

■　서양미술에서 죽음이 그려지는 방식의 변천사를 파고든 책으로는 미학자 진중권의 《춤
　추는 죽음》(전 2권)을 추천한다. 이 글에서 소개할 작품 넷 중 셋이 수록되어 있을 만큼
　죽음에 관한 이미지들이 집중적으로, 또 다각적으로 담겨 있는 책이다.

앙에서 두 손을 같은 높이로 들어 공정함을 표시하는 분이 예수 그리스도인데 가장 크고 중요하게 표현되었다. 반면에 심판을 받을 사람들은 맨 아랫줄에 가장 조그맣게 자리한다. 그리스도의 발 바로 아래, 날개가 달린 천사장 미카엘을 중심으로 구원받을 자들과 심판받을 자들이 나뉜다. 그림의 왼쪽, 구원받을 자들은 기쁨에 안도하며 희망찬 모습이다. 팔을 뻗어 기쁨을 표시하거나 고개를 들어 천국으로 가기를 기다리고 있다. 그 반대쪽으로는 저울에 올라갈 차례를 기다리며 고개를 푹 숙이거나 두 손에 얼굴을 묻고 있는 이들이 보인다. 칼을 든 미카엘이 한 사람을 심판정 쪽의 줄에 가서 서라고 밀어내고 있는데, 그 사람은 저 자리가 내 자리였어야 한다는 듯 미련이 가득한 얼굴과 자세로 구원의 줄을 바라보고 있다. 이 작품에서 보듯이 최후의 심판을 받으려면 죽은 자들은 일단 예비군 소집되듯 한자리로 소집되어야 한다. 거기에서 중심이 되는 인물은 심판자이자 판관인 예수 그리스도이고 심판을 받는 인간들은 한없이 작다.

반면 약 450년 뒤에 그려진 엘 그레코El Greco의 〈오르가스 백작의 매장The Burial of the Count of Orgaz〉을 보자. 5미터에 달하는 초대형 작품인데 우선 천상과 지상이 정확히 반으로 나뉘는 구성이 눈길을 끈다. 땅따먹기로 치자면 인간 세계가 좀 더 일보 전진한 구성이랄까. 앞서 본 생 라자르 성당의 팀파눔에서는 인간들 개개인의 개성이 잘 드러나지 않지만 이 작품에서는 지상에 있는 인물들이 마치 초상화를 그린 듯 하나하나 뚜렷하게 보인다. 16세기 후반 톨레도 지방의 실제 인물들이

11. 나는 '나'를 어떻게 생각하는가

엘 그레코, <오르가스 백작의 매장>, 1586~1588

이 기적을 목격한 증인들로 그림에 등장하는 것이다. 엘 그레코는 천상계에는 부드러운 터치로 밝은 색을 쓰고 지상계는 좀 더 단단하고 어둡게 표현하여 두 세계의 대비를 확연히 하고 있다.

새로 태어난 아기처럼 보이는 백작의 영혼이 정중앙에 보인다. 보일락 말락 흐릿한 연기 같은 형상으로 천상계로 올라가고 있는데, 놀라운 것은 이 하나의 죽음을 위해 예수 그리스도와 마리아, 세례 요한뿐 아니라 천사들이며 수많은 성인들이 사회적 거리두기 따위 고려하지 않고 우글우글 모이셨다는 점이다. 그림의 왼쪽에는 꼭 크리스천이 아니라도 알 법한 유명한 성서 속 인물들이 포진해 있다. 천국의 열쇠를 든 베드로, 방주를 앞에 둔 노아, 십계명이 적힌 석판을 안고 있는 모세, 하프를 뜯는 다윗. 이 쟁쟁한 분들이 단 하나의 영혼을 위해 모두 소집당하신 것이다. 석판이며 하프, 방주는 들고 다니기도 힘들 텐데 그걸 다 들고 먼 길을 오시다니. 눈여겨볼 점은 당시 스페인의 왕이었던 필리페 2세Felipe II와 교황이었던 식스토 5세Sixtus V도 이 천상의 영역에 그려져 있다는 점이다. 이들은 그림이 그려질 당시에 멀쩡히 살아 있었다. 살아 있는 인간이 놀랍게도 슬그머니 천상계에서 심판의 순간에 함께하고 있는 것이다.

사실 엘 그레코의 이 그림은 아래에 소개할 그리마니 기도서보다도 훨씬 후대에 그려진 작품이다. 르네상스도 다 지나고 독일이나 네덜란드에서는 종교개혁이 이미 대세로 자리 잡던 시기다. 그러므로 이 그림은 시대에 뒤떨어져도 한참 뒤떨어진 그림이라고 평가받기도 한다. 미술사에서도 이 그림은 반종교개혁Counter Reformation의 상징으로 종종 언급되는데 그 이유는 이렇게 소집된 대군단, 즉 마리아와 수많은 성인이 아름답고 웅장하게 그려졌기 때문이다. 왜 마리아와 성인들의 모습이 문제가 되는지, 왜 시대에 뒤떨어진 내용을 담았다는 건지 가볍게 짚고 가도록 하겠다.

종교개혁은 부패한 교회를 새롭게 바꾸고자 했던 개혁 운동으로, 1517년 마르틴 루터Martin Luther가 당시 교회의 면죄부 판매와 교황 중심주의적 사고 등을 비판하는 95개조 반박문을 발표한 것이 중요한 시발점이 되었다. 교회가 정치의 장으로 타락하고 성직자들이 권력과 결탁하여 스스로 권력자가 되면서 교회 안에는 부패와 비리가 만연했는데, 그중 가장 공분을 산 것은 구원을 돈으로 살 수 있다는 면죄부의 판매였다. 평소에 그 어떤 망나니짓을 하고 살아도 마지막에 VIP 티켓 하나면 된다는 이 창조적인 발상은 성경에 아무런 근거가 없음에도 교회와 성직자들의 경제적 이익을 위해 합리화됐는데, 그 내용을 들여다보면 하느님뿐 아니라 부처님도 관세음보살을 부르며 기함하실 내용이 많다. 예를 들어 초야권을 행한 이, 즉 자기의 영지 안에 있는 농노 신분의 모든 처녀는 나를 거쳐 가라는 소위 '첫날밤에 대한 권리'를 행사한 영주들도 돈만 내면 백옥처럼 순결하신 몸이 된다니 거 참 백옥이 짜증낼 소리다. "직접 산 사람뿐 아니라 부모와 친지의 영혼도, 면죄부를 산 돈이 금고에 떨어져 짤랑거리는 소리와 함께 연옥으로부터 튀어나온다"라는 연좌제적 혜택에 "면죄부 헌금은 내는 순간 그만한 영적인 은혜를 얻기 때문에 자기 죄를 회개할 필요가 없다"라는 편리함까지, 놀라운 구성 때문에 묻지도 따지지도 않고 면죄부는 불티나게 팔렸다.

종교 개혁가들은 이 어처구니없는 행태에 맞서 다섯 솔라 ▪Five Solars를 외쳤다. 그중 가장 중요하게 회자되는 솔라는 오직 성경Sola Scriptura, 오직 믿음Sola Fide이다. 진리의 최종 권위는 교황도 성직자도 아닌 오직 성경에 있으며, 하느님의 은혜는 오직 믿음을 통해 받을 수 있을 뿐 다른 그 어떤 것도 요구되지 않는다는 말이다. 구원은 오직 신과의 개인적 만남을 통해 가능하다고 믿었던 이런 개혁가들의 시각으로 볼 때, 인간인 마리아와 성인들을 신처럼 숭배하는 것은 옳지 못한 일이었다. 게다가 마리아와 성인들이 전통적으로 죽은 자의 변호인 역할을 하는 것으로 여겨진 점이 더욱 문제가 되었다. 이분들께 잘 보여야 영혼이 구원된다고 믿었기 때문에, 말하자면 면죄부 판매에 있어 성스러운 쇼핑 호스트 같은 역할에 동원되었던 것이다. 엘 그레코의 그림에서도 마리아와 성인들은 지상과 천상을 연결하는 비좁은 통로를 지키고 있다. 이 길을 잘 통과해야 신께 가 닿을 수 있으니 얼마나 중요한 역할을 하시는 분들인가.

엘 그레코의 스페인은 종교개혁의 바람이 닿지 않았고 보수적이던 필리페 2세가 직접 종교재판에 나와 재판관 역할까지 했던 곳이다. 왕권만으로도 무시무시할 텐데 신권까지 어느 정도 겸했으니 그 위세가

▪ sola, '오직'이라는 뜻의 라틴어.

얼마나 대단했을까. 왕이 종교적 판단까지 할 수 있게 되면 자기의 반대 세력을 간단히 이단으로 몰아 박해할 수 있다. 그러므로 당시의 스페인은 굉장히 경직된 사회였을 것이다. 엘 그레코는 신앙심이 매우 깊었던 것으로 알려졌기에 이런 아름답고 거대한 그림을 그렸을 테지만 이 그림은 솔직히 프로파간다에 가깝다. 오르가스 백작이라는 사람은 생전에 교회와 수도원에 많은 재정적 지원을 했을 뿐 아니라 죽어서도 250년간 매년 양 두 마리, 닭 열여섯 마리, 미사용 포도주와 땔감, 그리고 얼마간의 돈을 교회에 헌납할 것을 약속했다고 한다. 그래서 이 사람을 매장할 때 갑자기 성 스테판과 성 아우구스티누스, 즉 그림에서 황금빛 옷을 입은 두 인물이 나타나 그의 시체를 손수 묻어주었다는 것이다. 오르가스 백작이 얼마나 신앙심 깊고 훌륭한 사람이었는지와는 관계없이, 망자를 볼모로 한 교회의 수익형 비즈니스에 동원되기에 너무나도 적절한 그림이었다는 것은 두말할 나위 없다. 그럼에도 불구하고 나는 반종교개혁의 상징으로 언급되는 이 작품에서조차 얼마나 인간의 힘이 신의 영역으로까지 뻗어나갔는지 확인할 수 있다고 생각한다. 반으로 균형 있게 나눈 구도, 개성이 부각되는 인물들 각각의 사실적 모습, 슬그머니 천상에 자리 잡고 심판에 관여하는 살아 있는 인간들까지. 인간의 힘과 권위가 참 묘하게 들어가 있는 작품이다.

다음으로 볼 그림들은 〈임종의 침상〉이라는 제목이 붙은 작품들이다. 이제 최후의 심판을 받는 현장의 그 압도적 위용과 성스러움은 사그라들고, 심판에 대한 두려움보다는 소중한 사람을 잃는 개인적 슬픔

그리마니 기도서 삽화, 1515~1520

과 허탈이 짙게 드리우기 시작한다.

그리마니 기도서는 총 1670페이지에 달하는 기도서로 65점 이상의
아름다운 삽화가 수록된 플레미시 르네상스의 걸작이다. 이 기도서에
임종의 침상을 그린 삽화가 실려 있는데 여기서는 심판의 무대가 완전
히 개인의 집 안으로 들어왔다. 심판이라고 하기도 뭐하다. 침대에 누워
임종을 맞는 자의 머리 위로 조그만 천사와 악마가 다소 귀여워 보이는
싸움을 벌이고 있다. 그동안 여러 성당의 팀파눔이나 벽, 혹은 거대한
캔버스에서 어마어마한 규모로 이루어졌던, 그래서 보는 사람의 마음에
경외와 공포감을 심어주었던 최후의 심판은 이제 이렇게 죽어가는 사람
의 머리맡에서 소규모로 치러지는 볼품없는 싸움이 되어버렸다.

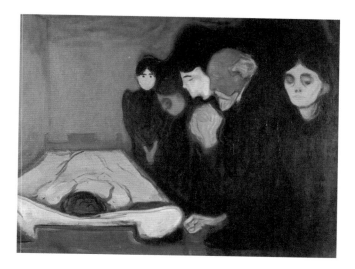

뭉크, 〈임종의 침상〉, 1896

　사이즈는 형편없이 줄었지만 그래도 구원은 여전히 중요해 보인다. 사제로 보이는 인물들이 십자가며 촛불이며 성서 등을 가져와 죽어가는 자를 둘러싸고 있고 가슴에 손을 모으고 기도하는 사람들도 여럿 보인다. 재미있는 것은 침상 옆쪽으로 돈을 세고 기록하며 문서를 정리하는 것처럼 보이는 집단의 존재다. 무엇을 기록하는 중일까. 가장 앞쪽에 앉아 한 손에 문서를 쥔 자가 다른 손으로 테이블 위에 늘어놓는 둥글고 노란 물건이 돈이 맞다면* 곧 망자가 될 이의 빚을 정산하는 것인지, 아니면 그의 영혼을 구원할 돈을 셈하고 있는 것인지 궁금하다.

■　아직 발명되기 이전이니 감자칩은 아닐 것이다.

그로부터 몇백 년 뒤 에드바르 뭉크Edvard Munch의 그림에 이르면 이제 죽음이라는 것은 대규모 심판이나 구원의 갈급함 같은 것을 털어 낸 채 오롯이 한 인간의 죽음으로서만 표현된다. 한 개인적 존재의 상실만이 커다랗게 화폭에 담기는 것이다. 망자의 머리맡에서 싸우던 작은 천사와 악마도 없어졌고 그리마니 기도서의 삽화에서 느껴지던 부산스러움도 없다. 그저 이 사람의 상실이 고요히 슬프다. 이승에서 맺었던 인연들, 즉 가족이나 친지로 보이는 사람들이 가슴에 손을 모으고 떠나는 자를 배웅하고 있다. 가장 뒤쪽에 선 여인은 코도 입도 없이 눈만 말갛게 뜬 채 그림을 보고 있는 우리를 직시한다. 마치 이 그림을 보는 당신도 언젠가는 죽을 거라고, 우리는 모두 죽는다고 말하는 듯한 눈빛으로. 그러고 보면 가장 앞에 위치한 여인의 창백한 얼굴이 꼭 해골 같기도 한 것이 의미심장하다.

　죽음을 그려낸 방식의 변화에서도 화폭 속 인간의 크기는 상대적으로 계속 커졌다. 심판이라는 대규모 스펙터클에 소집된 존재감 없는 엑스트라였던 우리는 단 하나의 영혼을 위해 심판자와 변호인들을 모두 소집할 수 있는 중요성을 스스로에게 부여했고, 결국은 그 두렵기 그지없던 광대한 심판의 법정을 축소시켜 약간은 우스꽝스러운 모습으로 자신의 침대 머리맡에 불러들이고야 만다. 그리고 종국에는 개인으로서의 특별한 나를 찾는다. 개미지옥 속 한 마리 개미처럼 얼굴도 이름도 없이 무슨 생을 살았는지도 흐릿했던 군중에서, 그 사람의 생, 그 사람과의 인연이 못내 특별하고 소중한 개인으로서 나를 정확히 나만의 침상에 눕히게 된 것이다.

| 전 쟁 을 그 리 는 방 식 |

지금까지 '신을 표현하는 방식'과 '죽음이 그려지는 방식'을 통해 인간의 자리 찾기가 진행되는 모습을 살펴보았다. 마지막으로 '전쟁을 그리는 방식'의 변화로 같은 주제에 조금 더 살을 붙여볼까 한다. 나는 전쟁이 미술 작품으로 다루어진 모습을 쭉 따라가면 인류 이성의 역사를 또렷이 볼 수 있다고 생각한다. 인류가 전쟁을 화폭에 담아온 방식은 굉장히 다양한 층위에서 접근 가능한데 여기서는 영웅이 다뤄지는 모습의 변화만 살짝 짚어보겠다.

이 그림은 알브레히트 알트도르퍼Albrecht Altdorfer의 1529년 작품으로, 기원전 333년 알렉산더 대왕과 다리우스 3세의 이소스 전투를 그렸다. 실제로 세계사에서 중요한 변환점이 된 전투다. 군사적 요충지였던 이소스에서 알렉산더가 승리하여 결국 페르시아 제국은 멈췄고 알렉산더는 동쪽으로 자신의 제국을 드라마틱하게 넓힐 수 있었기 때문이다. 하늘에 떠 있는 장식된 판 안에는 라틴어가 보인다. 알렉산더가 다리우스 측을 대파했으며 다리우스는 쫓겨 달아났지만 그의 어머니와 아내, 자식들은 포로로 잡혔다는 역사적 서술이다.

당시 바이에른 공작이었던 빌헬름 4세의 위탁으로 그려진 그림인데 당대 오토만 제국과의 갈등을 둘러싼 유럽 상황에 영감을 주려는 의도로 보인다. 특히 기원전 333년의 알렉산더 측 병사들이 16세기의 강

알트도르퍼, <알렉산더 대왕의 이소스 전투>, 1529

철 갑옷을 입고 있고, 페르시아 병사들은 터키 전투복을 입고 있는 것이 의미심장하다. 당대의 유럽과 오토만 제국 사이의 갈등을 기원전 333년의 전투에 일부러 투영해서 당시의 찬란한 승리를 되새기고 싶었던 모양이다.

그림 속에는 엄청난 수의 병사들이 보인다. 알렉산더 측이 오른쪽에서 왼쪽으로 공격 중이고 페르시아군은 밀려 흩어지며 도망가고 있다. 중간 부근 왼쪽으로 말 세 마리가 끄는 전차를 타고 도주 중인 인물이 다리우스 3세, 말을 타고 그 뒤를 쫓는 황금빛 인물이 알렉산더 대왕이다. 오른쪽 하늘에는 싱싱한 태양이 떠오르고 왼쪽으로는 이제 태양에 자리를 내주고 사라질 일만 남은 그믐달이 보인다. 각각 알렉산더와 다리우스, 그리고 그들이 건설한 제국의 운명을 상징하는 심벌이다.

이 승리는 동방에 대한 서방의 승리였을 뿐 아니라 이슬람교에 대한 기독교의 승리이기도 했다. 엄청난 수적 열세를 극복하고 거둔 승리로도 알려져 있다. 그러므로 기독교인들에게 이 전투는 신의 계획이었고 소위 '하느님께서 역사하신' 전투였다. 병사들의 수나 배치 등이 당시의 문헌과 일치하지 않고, 사냥터에 나가는 유럽 귀족처럼 보이는 여성들이▪ 전쟁터에, 그것도 다리우스 측에 나와 있는 등 역사적 사실과는 동떨어진 부분이 즐비하지만 별로 문제가 되지 않는 듯하다. 역사적

▪ 왼쪽으로 보이는 깃발들 바로 오른쪽에 챙 넓은 모자를 쓴 여인들이 보인다. 알트도르퍼가 상상력을 동원해 포로로 잡혔다는 다리우스의 가족들을 그린 것이라는 해석이 있다.

고증이 중요한 것이 아니라 역사적 대의가 중요한 그림이었기 때문일 것이다. 다시 말해 승리 그 자체가 중요했던 그림이다.

그림을 삼등분해서 보면 알트도르퍼는 하늘과 배경, 전투 장면을 동등한 비율로 담았다. 그중 한 부분을 차지하는 배경에 대한 이야기를 하지 않을 수 없는데, 당시의 유럽 중심적 사고가 그대로 보이는 배경이기 때문이다. 전투 장면 뒤로 펼쳐진 산이며 바다 같은 지형은 그냥 멋있으라고 대충 그린 게 아니다. 실제 지형을 최대한 정확히 담으려고 노력한 흔적이 보이는데, 독자들로 하여금 유럽 쪽에 서서 아시아와 아프리카 대륙 쪽을 바라보게 하는 구도다. 왼편 어두운 해안 쪽으로 현재 터키의 이스탄불인 콘스탄티노폴리스로 추정되는 도시가 보인다. 강고한 성벽으로 유명했던 도시이자 유럽과 아시아의 경계에 놓여 동서 교역의 요충지로 꼽혔던 해안 도시다. 오른쪽으로는 지중해가 보이고 사이프러스섬이 강조되어 있다. 그 건너로 퇴적층이 쌓여 있는 삼각주가 보인다. 바로 이집트 나일강의 델타다. 새로운 태양이 동방을 비추고 이국 대륙의 땅 위에도 햇살이 뿌려질 참이다. 이 전투가 단지 자기들뿐 아니라 전 세계적으로 엄청나게 중요한 전투였다는 놀라운 유럽중심주의적 사고가 칠해져 있는 셈이다.

화가는 인물 하나하나가 입은 갑옷이며 무기를 믿을 수 없을 만큼 세심하게 그려냈지만 정작 그 안에서 각각의 감정이나 개성은 찾아보기 어렵다. 인간들은 중요한 역사적 순간을 만들기 위해 그 안에서 움직이는 장기판의 말 같은 역할을 하는 중이기 때문이다. 그 안에서는

11. 나는 '나'를 어떻게 생각하는가

알렉산더 역시 신의 원대한 계획 안에서 움직이는 하나의 톱니바퀴에 불과하다. 다만 황금으로 된 톱니바퀴 정도로 표현된 느낌이랄까. 거대한 제국을 건설했던 알렉산더 대왕이라는 엄청난 인물을 다루고 있지만, 왠지 얼굴 없는 가수처럼 정작 인물 자체에는 초점이 맞춰지지 않았던 것이다. 반면에 우리에게 익숙한 다음 그림을 보자.

이 그림을 보면 침이 꼬냑(꿀꺽 아님) 하고 넘어갈 분들이 제법 계실 것 같다. 그림에서 나폴레옹은 마치 그리스 신화 속 전쟁의 신 마르스 같은 느낌이다. 그림 자체도 웅장하고 커서 보는 사람을 압도한다. 앞서 본 그림에서는 알렉산더고 다리우스고 간에 그냥 개미 사이즈였는데, 사실 이렇게까지 훤칠하지 않았다던 나폴레옹이 이 그림에서는 이루 말할 수 없이 크고 생동감 있게 표현되었다. 말 위에 멋있게 올라탄 그는 시선을 정면으로 두고 우리를 응시하며 함께 가자는 제스처를 취한다. 그림을 보는 사람까지 휘하에 두려는 야심이 보인달까.

자크 루이 다비드Jacques-Louis David가 이 그림을 그릴 당시, 나폴레옹이 모델로서 당최 협조를 하지 않았다는 일화가 유명하다. TV도 소셜미디어도 없던 시절이니 사람들이 유명한 인물의 실제 생김새를 알기 어려웠던 때다. 백성들이 나라님 얼굴을 모른 채 평생을 살기도 했으니까. 나폴레옹은 "초상화가 실제로 그 사람을 닮았는지 여부는 중요하지 않다. 어차피 아무도 모르니까. 그저 그 안에 그 사람의 위대한 정신이 살아 있다면 그걸로 충분하다"라고 말하면서 모델 역할을 거부했다고 한다. 불쌍한 다비드는 이전의 나폴레옹 초상화들을 참고해 그림

다비드, <알프스를 넘는 나폴레옹>, 1801

을 그렸고, 나폴레옹 대신 다비드의 아들이 망토를 입고 모델을 섰다고 한다. 그림 안의 나폴레옹이 뿜어내는 눈부신 젊음의 오라aura는 아마도 그로 인해 얻어걸린 게 아닌가 싶다.

그렇다고 해서 나폴레옹이 그림 제작에 전혀 관여하지 않은 건 아니었다. 무엇보다 "날뛰는 말 위에서 평온한"[■]이라는 아이디어는 나폴레옹 본인으로부터 나왔다고 한다. 의도한 것인지 또다시 얻어걸린 건지는 모르겠지만, 거친 혼란을 침착하고 정확한 판단으로 뚫어내 안정적으로 자신의 손안에 틀어쥐었던 나폴레옹의 능력이 이보다 멋지게 표현될 수 있을까. 말은 프랑스를 상징한다. 눈알을 굴리며 이리 뛰고 저리 뛰는 프랑스를, 나폴레옹은 두 손도 아니고 한 손으로 여유롭게 컨트롤한다. 게다가 산 정상을 향해 치켜든 다른 손에 장갑을 끼지 않은 이유는 그가 정복자가 아니라 자연스럽게 평화를 이끌어내는 인물이자, 인위적이지 않은 자연스러움을 표방하는 정치를 하겠다는 거라나 뭐라나. 바닥의 돌에는 이름들이 새겨져 있다. 군대를 이끌고 알프스를 넘었던 유명한 전쟁 영웅들, 즉 한니발 장군과 카롤루스 대제와 함께 나폴레옹의 이름 '보나파르트Bonaparte'가 보인다. 사실은 이 양반이 말이 아니라 왠지 모양 떨어지는 노새를 타고, 용맹하게 자신의 군대를 이끌고 알프스를 넘은 게 아니라 애들 먼저 보내고 며칠 뒤에 좁은 길을 따라 꾸역꾸역 뒤따라 올랐다는 역사적 진실을 이 그림 때문에

■   calme sur un cheval fougueux(calm on a fiery horse)

237

모르는 사람이 많다. 양심에 찔리지도 않았는지 나폴레옹은 이 그림을 무척 좋아해서 석 점을 더 그리라 명했다고 한다.

앞서 본 그림에서는 하늘이며 땅이며 온갖 배경이 중요한 의미를 가졌다. 섬세하게 놓인 지형과 그림의 주제를 설명하는 하늘. 그렇게 잘 세팅된 무대에서야 비로소 신의 뜻에 따라 움직이는 영웅의 장엄한 순간이 빛을 발하는 것이다. 하지만 이 그림에서는 맥락이 크게 중요하지 않고 그저 나폴레옹 개인이 중요해 보인다. 배경은 그야말로 문자 그대로의 배경에 불과하다. 흐릿하게 나부끼는 삼색기와 험준한 산을 오르는 군대가 보일 듯 말 듯, 그 앞에 선 나폴레옹의 멋짐에 방해되지 않을 정도로만 표현되었다. 알트도르퍼의 그림이 '대의'에 관한 그림이었다면 다비드의 그림은 처음부터 끝까지 '권위'에 관한 그림이다. 관객으로 하여금 그의 권위를 느끼고 이 위대한 개인에 대한 존경심을 불러일으키려는 의도. 하지만 존경심보다는 파블로프의 개처럼 술이 당기는 내 마음을 나폴레옹이 아는지 모르겠다.

| '나'를 그리는 방식 |

세상 속 나는 얼마나 크게 그려지는가. 내가 세상 속에서 나의 존재를 얼마나 크게 인식하는가 하는 건 굉장히 중요하고 흥미 있는 주제다. 우리는 아이들이 그린 그림에서 스스로가 어떻게 표현됐는지, 부모나 가족, 친구들은 얼마나 크고 자세하며 친밀하게 그려졌는지를 통해

비토레 크리벨리, 채플 제단화 전체, 1481

아이의 심리 상태나 자의식을 해석하곤 한다. 미술관의 그림들도 마찬
가지다. 우리는 시대를 거치며 우리 스스로가 어떻게 표현되는지를 통
해 인류 자의식의 성장 과정을 목격하는 셈이다.

　오래전에 그려진 그림일수록 원근법과 관계없이 중요한 인물들이
크게 표시되고, 그렇지 않은 인물은 작게 표현되는 경우가 종종 보인
다. 앞서 보았던 비토레 크리벨리의 그림은 사실 다섯 개의 패널로 이
루어진 작품이다. 아기 예수님은 아기라서 작다 해도, 이 그림 안에는
아기 예수보다도 작게 그려져 있는 다 큰 어른이 있다. 보이시는지. 바
로 두 번째 패널 우측 하단에 빨간 모자를 쓴, 마리아 님을 향해 신실한
자세로 두 손을 모은 사람이다. 이 시기 그림의 특징이기도 하다. 해당

염립본, <역대제왕도>, 7세기

작품을 제작할 수 있게 주문하고 재정적으로 지원한 인물이 그림에 등장할 때 주로 저런 귀여운 레고형 인간으로 등장한다.

이런 특징이 더 두드러지게 나타나는 것은 동양의 오래된 인물화들이다. 보스턴 미술관에는 당나라 초기의 재상이자 화가였던 염립본閻立本의 <역대제왕도>가 소장되어 있는데, 중국 황제 13명의 초상화를 긴 두루마리에 쭉 이어 그린 작품이다. 그중에는 성군도 있고 폭군도 있어서, 이들의 모습을 후세에 남겨 타산지석으로 삼으려는 의도였다고 한다. 이 중 동오의 초대 황제였던 손권과 남진의 4대 황제였던 선제 진욱의 모습을 살펴보자.

왼쪽이 손권, 오른쪽이 진욱이다. 전통적으로 우리나라의 인물 초상이나 어진이 주로 대상 인물만을 화폭에 꽉 차게 담았던 데 비해, 염

고구려 무용총 주벽 벽화 접객도 일부, 5세기경으로 추정

립본은 모든 황제를 그를 받드는 사람들의 모습을 넣어서 그렸다. 황제들이 모두 최홍만 선수 같은 피지컬을 가졌다면 이런 그림이 사실적이겠지만 우리는 염립본이 의도적으로 이렇게 표현했다는 것을 안다. 특히 오른쪽 그림에서는 그 안에서도 신분에 따른 삼단 구성이 보인다. 황제가 가장 크고 풍채 좋게 그려졌고, 관모를 쓰고 홀을 들고 따르는 사람들은 중간 크기로, 가장 신분이 낮은 가마꾼들은 가장 조그맣게 그려졌다. 말 그대로 중요한 인물은 '대인', 그렇지 않은 인물은 '소인'으로 그려진 셈이다.

고구려 무용총 벽화에도 귀여운 인간이 등장한다. 무덤의 주인으로 추정되는 인물이 스님으로 보이는 손님을 대접하는 모습을 담았는

■ 북한에서는 춤무덤이라 부른다고 한다.

데 시동인지 시종인지 모를 귀염둥이가 중간에서 무릎을 꿇고 시중을 들고 있다. 시동이면 얼추 받아들일 법한 비례지만, 대체로 신분 차이에 따라 인물을 크고 작게 그렸다는 설명이 붙곤 한다.

체격 차이 때문에 자연스럽게 중심인물들에게 시선이 가지만 나는 그림 속의 작은 사람들에게 일부러 눈길을 주곤 한다. 그들의 자세며 표정을 하나하나 확인한다. 저렇게 작게 그려진 사람들은 그림 속 자신의 모습을 볼 일이 있었을까. 보았다면 과연 어떤 느낌을 받았을까.

또 하나 주목할 이야기가 있다. 중요한 인물이라 크게 그려진 사람들이 있었던 데 반해, 중요한 인물임에도 존재 자체가 지워져버린 이들도 있었다는 사실이다.

아래 그림은 〈칠태부인경수연도七太夫人慶壽宴圖〉라는 작품의 일부로,

<칠태부인경수연도>, 17세기

11. 나는 '나'를 어떻게 생각하는가

<칠태부인경수연도> 부분 확대, 17세기

1691년 당시 왕이었던 숙종이 70세 넘은 모친을 모시고 있던 신하 일곱 명에게 베풀었던 축하잔치를 묘사한 것이다. 오른쪽엔 그림이, 왼쪽으로는 글이 붙어 있는 두루마리 형식의 작품으로 현재 보물로 지정되어 있다. 그린 이는 알 수 없으나 강세황이 글을 썼다. 세부 표현이 탁월하고 내용도 잘 요약되어 있어 우수한 행사 기록화로 평가되는 작품인데 가만 보면 신기한 것이 있다. 나이가 일흔이 넘었던 일곱 분의 어머니가 이 잔치의 주인공인데 그들의 모습은 어디에서도 찾아볼 수가 없다. 해당 부분을 자세히 보시라고 그림을 잘라서 확대한 사진을 붙인다.

병풍을 두른 상석에 붉은 주안상 일곱이 마련되어 있고 그 아래쪽으로도 주안상이 다섯 개씩 마주 보고 있다. 그런데 그 앞에 앉아 있어야 할 사람들이 전부 빈 네모로 표시되었다. 아직 입장 전이라거나 단체로 화장실 가신 것도 아니다. 자제분들로 보이는 이들이 분홍빛 옷을 입고 모였는데 술잔을 들어 올리는 사람도 있고 앞에서 춤추는 사람들도 있기 때문이다. 때맞춰 마님이 부르신 듯 비어 있는 네모 쪽을 쳐다보는 시종들도 있다. 그러므로 이 명문가의 부인들이 모두 자리에는 있었으나 그린 이가 의도적으로 모습을 지운 것임을 알 수 있다. 큰 그림을 전체적으로 보면 대비가 더 뚜렷하다. 남성 측 연회장에는 주안상 앞에 모두 사람이 그려져 있고 심지어 표정까지 각양각색으로 다를 만큼 구체적으로 표현되어 있기 때문이다.

가부장제의 슬픈 단면이다. 이 여성들이 공식적인 자리에 모습을 드러낼 수 있었던 것은 여성이기에 앞서 어머니였기 때문이다. 그것도 자식을 키워 출세시킨 어머니들. 하지만 여성이기에, 특히나 귀한 신분의 여성이었기에 얼굴이 지워졌다. 아마도 평생에 가장 큰 자랑이자 빛나는 자리였을, 자신을 위해 임금님께서 마련해주신 자리에 그녀들은 모습을 남길 수가 없었던 것이다.

나의 자리, 나의 모습을 찾는 일은 이렇게 '인류'라는 단어 하나로 뭉뚱그려 표현할 수 없을 만큼 다양한 차원의 이야기다. 그리고 이렇게 오랜 시간에 걸쳐 찾아낸 우리의 자리를, 우리는 종종 등한시하곤 한다.

| 생각할 능력, 존재할 능력 |

아이의 그림 속에서는 대체로 사람이 크게 그려진다. 그만큼 아이들은 세상의 중심에 자기를 커다랗게 두는 능력이 있다. 어느 캠페인 광고를 본 적이 있다. 살고 싶은 집을 그려보라고 했더니 어른들의 그림과 아이들의 그림에 뚜렷한 차이가 있었다. 아이들은 그 안에 행복하게 살고 있는 가족을 그렸지만 어른들의 그림에는 가족, 즉 사람이 없었던 것이다. 같은 요청을 받았대도 나 역시 그냥 집이라는 껍데기만 그렸을 것 같다. 생각해보니 슬프다. 집이라는 건 사람이 살기 위해 짓는 것인데 그 안에 사람이 없다니. 아이의 세상에서는 늘 주체가 중요한데 어른의 세상에는 그 중요한 역할을 하는 주체들이 가끔 너무 익숙하게 사라져버린다. 우리는 개인을 찬양하는 시대에 살지만 가끔은 사람 위에 집이며 차며 명품들이 올라앉는다. 애써 획득한 크고 중요한 자리를 스스로 박차는 셈이다. 정세랑의 소설 《보건교사 안은영》(2015, 민음사)에도 다음과 같은 내용이 나온다.

은영은 문득 크레인 사고 뉴스를 얼마나 자주 보았던가 되짚어 보았다. 어째서 그렇게 크고 무거운 기계가 중심을 잃고 부러지고 휘어지고 떨어뜨리고 덮치는 일이 흔하단 말인가. 새삼스럽게 받아들일 수 없이 이상한 일이라는 생각이 들었다.

– 비싸서 그래. 사람보다 크레인이. 그래서 낡은 크레인을 계속 쓰는 거야. 검사를 하긴 하는데 무조건 통과더라.

사람보다 다른 것들이 비싸다는 말을 들을 때마다 살아가는 일이 너무나 값없게 느껴졌다.

인간은 생각하는 능력을 통해 만물의 영장[*]이라는 지위를 스스로에게 부여했고, 미술 작품 속에서도 스스로의 위치를 점점 확고하게 잡아왔다. 그런데 또 그렇게 생각이란 걸 계속하다 보니 스스로를 지우기도 한다. 생각을 통해 자신보다 더 중요한 것을 깨닫거나 더 중요하다고 생각하는 걸 만들어내는 탓이다. 전자일 경우에는 우리 존재가 작아지면서도 깊어지지만 후자일 경우에는 그저 납작해질 뿐이다. 예전에 '우주의 이해'라는 교양 과목 수업을 들으며 광활한 우주 안의 나를 깨달았을 때, 나는 참 먼지 같다고 느꼈다. 그러면서도 이 우주 안에 이렇게 생각하는 먼지로 태어난 것이 참 경이로웠다. 최근에는 갓 뽑은 새 차를 부술 수 없어 열쇠 업자가 올 때까지 한참을 기다리다가, 결국 뜨거운 차 안에 갇혀 신음하던 아이를 죽게 만든 한 아버지의 사연을 접했다. 다른 의미에서 경이로웠다. 나도 먼지인 주제에 함부로 말하기 조심스럽지만, 솔직히 정말 먼지 같은 인간이라고 생각했다. 딸과 자동차를 그리라고 했으면 자동차를 커다랗게 그리고 딸은 개미만 하게 그렸을 인간이다.

철학이라고 했을 때 사람들이 가장 많이 떠올리는 말은 아마도 소

---

[*] 내가 좋아하는 표현은 아니다. 만물의 영장보다는 만물의 친구면 좋겠다.

11. 나는 '나'를 어떻게 생각하는가

로댕, <지옥문>, 1880~1917

크라테스의 "너 자신을 알라", 그리고 데카르트의 "나는 생각한다. 그러므로 나는 존재한다"일 것이다. 최근 테스 형이 상승세를 타기도 했고, 철학에 관심이 정말 융털세포만큼도 없는 사람이라도 아마 저 말들은 들어보지 않았을까 싶다. 우리가 우리 자신을 안다는 것, 그리고 생각함으로 인해 존재한다는 것이 그만큼 중요했나 보다.

　오귀스트 로댕Auguste Rodin의 <생각하는 사람>은 원래 <지옥문> 가장 높은 곳에 놓여 있는 조각이다. 필라델피아 로댕 박물관에서 이 작품을 볼 때마다 나는 지옥문 위에 앉아 생각에 잠긴 사람과 같이 생각에 잠기곤 했다. 생각하는 사람이 너무 육체파인 것 아니냐는 비판이 도대체 애초에 왜 생기는지는 모르겠으나, 그런 비판을 하는 사람의 마음에 꼭 들 만큼 두부 같은 몸으로 나는 로댕 박물관의 예쁜 정원을 걸었다. 그러면서 저 조각의 위치며 의미가 너무나 근사하다고 생각했다.

앞서 본 오퇼 생 라자르 성당의 팀파눔이 겹쳐 보일지도 모르겠다. 내가 그랬다. 같은 팀파눔인데 이렇게 지옥만을 따로 두고 그 위에 사유하는 인간을 두다니 세상에 너무 멋지잖아. 마침 그 즈음 머리털 빠지게 읽던 데카르트가 겹치면서 의미가 더 깊어지는 느낌이었다. 판관이자 절대적 존재인 신의 형상 대신, 이런 참혹한 광경을 바라보며 생각에 잠긴 인간의 조각상을 위치시킨 것이다.

사실 〈생각하는 사람〉의 원제는 〈시인〉이었다. "여기 들어오는 자, 모든 희망을 버려라"라는 문장으로 시작하는 단테의 《신곡》 지옥 편을 형상화한 작품이므로 아마 중앙 상부에 고뇌하는 시인인 단테를 올려둔 것이 아니었을까. 하지만 결국 고유명사가 일반명사로 바뀌듯 그렇게 〈시인〉이라는 이름은 〈생각하는 사람〉이라는, 바라보는 사람들을 훨씬 강하게 빨아들여 이입시키는 이름으로 바뀌었다. 그렇게 우리는 세상이라는 지옥 속에서 사유한다.

데카르트를 배울 때 들은 농담이 있다.

데카르트가 바에 들어와 술을 주문했다. 그가 잔을 비우자 바텐더가 한 잔 더 하시겠느냐고 물었다. "생각 없습니다." 그리고 데카르트는

훅 사라져버렸다.[■]

"나는 생각한다. 그러므로 나는 존재한다"라는 데카르트의 말을 역이용한 이 농담은 시리즈가 굉장히 많았는데 그중에 이런 것도 있었다.

데카르트가 바에 들어와 술을 주문했다. 그가 잔을 비우자 바텐더가 혹시 남자를 좋아해본 적 있느냐고 물었다. 데카르트가 답했다. "그런 생각 해본 적 없어요." 그리고 자기 논리에 의해 사라져버렸다.[■]

처음 듣고는 '아니 왜 굳이 이런 농담을…'이라고 생각했지만 곱씹을수록 나는 이 농담이 시사하는 바가 크다고 생각한다. '생각하지 않음' 혹은 '생각해본 적 없음'이 인간 존재를 지우는 일이 이 세상에는 많기 때문이다. 무엇에 대해 '생각'하는가. 무엇에 대해 '어떻게' 생각하는가. 우리는 그에 따라 세상이라는 화폭에 우리 존재를 키울 수도, 없앨 수도 있다.

우리는 많은 지옥을 경험하면서 산다. 그런데 지옥에서 스스로를

- Descartes walks into a bar and orders a drink. When he finishes his drink, the bartender asks him if he would like another. Descartes replies, "I think not," and poof! He disappears.
- Descartes walks into a bar and orders a drink. When he finishes his drink, the bartender asks him if he ever loved a man. Descartes replies, "I think not," and disappears in a puff of logic.

건져 올리는 방법은 때로는 간단한 것 같다. 바로 '생각하는 일' 혹은 '생각을 바꾸는 일'.

지옥을 경험한 시간이 있었다. 아침이 와도 온통 어두컴컴하고, 세상 그 어떤 것도 알고 싶지 않았고, 하루가 온통 슬픔으로 젖어 축축하던 날들. 아무것도 생각하고 싶지 않을 만큼 그렇게 앓던 날들 속에서 나를 건져 올린 것은 결국 생각이었다. 원효대사의 해골물 같은 생각의 전환. "나는 생각한다. 그러므로 나는 존재한다"의 의미가 조금 신기한 방식으로 맞아들었다고 할까. 나는 생각했고, 그리고 이렇게 존재하게 되었다. 심리학자 윌리엄 제임스William James는 "금세기의 위대한 발견은 물리학이나 과학이 아니라 사람이 생각을 바꿀 때 그 사람 인생 전체가 바뀐다는 사실을 발견한 일"이라고 했다. 그러므로 혹시라도 크고 작은 지옥 속에 계시는 분들이 있다면, 부디 생각이 우리를 구원하기를.

12.

소녀들의 눈을
멀게 한
카펫

테피스트리 작품들과
나이키 공장의
아이들

필라델피아에 살 때 즐겨 찾던 필라델피아 미술관에는 탄성을 자아내는 장소가 몇 있었다. 버려진 돌더미를 가져와 복원했다는 힌두 사원의 기둥들로 들어찬 홀이 그랬고, 통째로 기증받아 정원까지 제대로 꾸며둔 일본 다실이 그랬다. 하지만 각각의 갤러리 안으로 들어가기 전에 가장 먼저 관람객의 탄성을 자아내는 장소는 2층 발코니였다. 중앙 계단을 올라 2층에 닿는 순간, 거대한 공간의 발코니 벽면에 사람을 압도하는 크기의 걸개그림들이 죽 걸려 있었기 때문이다. 언뜻 보면 엄청난 크기의 그림 같은데 가까이 가보면 한 올 한 올 실로 짠 직물이었다. 바로 이번 글의 주인공인 태피스트리 작품들. 카펫 같은 거라고 생각하면 된다. 색실을 짜 넣어서 모양이나 그림을 표현하는 직물 공예를 태피스트리라고 하는데 주로 벽이나 가구 등을 덮어 장식하는 용도로 쓰여왔다.

발코니에 걸려 있던 그 태피스트리들은 기독교로 개종했던 로마 황제 콘스탄티누스 1세Constantinus I의 일대기를 담은 시리즈였다. 한 작품이 거의 가로 7.5미터, 세로 5미터에 달했는데 그런 게 열몇 개씩 주르륵 걸려 있다고 생각하면 그 압도적이고 웅장한 느낌을 상상할 수 있을 것이다. 뜨개질을 해본 사람은 알 거다. 그 작은 목 하나 가리겠다고 얼마나 오랜 시간 털실을 엮고 또 엮어야 하는지. 그런데 웬만한 방 크기의 공간을 덮을, 그림으로 그려도 힘들 것을 실로 짜서 이렇게 만들었다고? 게다가 도톰한 뜨개실도 아닌 가느다란 색실로 이렇게 채웠다니. 그 태피스트리 옆을 걸어가면서 그야말로 매직 카펫, 마법의 양탄자 같다고 생각했다. 좋아하는 노랫말에 나오는 것 같은 색색의 보석, 꽃과 노루, 비단의 느낌.

어린 시절《아라비안 나이트》에서 가장 매혹적이었던 건 하늘을 나는 양탄자의 존재였다. 어른이 된 나에게 하늘을 나는 양탄자를 타라고 한다면 일단 안전벨트 유무와 바람을 막아줄 헬멧 옵션부터 체크하겠지만* 어린 시절의 나는 고소공포증 따위 염두에 두지 못하고 그 위에 올라타 세상 곳곳을 구경하는 달콤한 상상을 하곤 했다. 80년대에 반공교육을 받으며 '국민학교'를 다닌 어린이답게 북한의 친구들을 구경할 수 있을 거라는 생각도 했다. 92년판 디즈니 애니메이션 〈알라딘〉

---

* 안 그러면 바로 스카이다이빙을 하게 되거나, 눈도 못 뜨고 바람에 미친 듯이 날려 장길산 헤어스타일이 될 게 뻔하다.

에서도 내가 가장 좋아했던 캐릭터는 매직 카펫이었다. 이 수줍음 많고 정의감 강하며 귀엽기까지 한[▪] 매직 카펫이 없었으면 알라딘은 진작에 동굴 안에서 생을 마감했다. 영화에서 매직 카펫은 자유와 사랑을 담는 소재였다. 이전에 자스민을 만난 적이 있었던 알라딘은 그녀가 자유를 원한다는 사실을 알고 있었고, 이 양탄자로 그녀에게 속 시원한 해방감과 자유를 선사하면서 디즈니 OST 역사에 길이 남을 아름다운 듀엣을 완성한다. 노래 말미에 둘의 키스를 성사시키고 로맨틱 무드를 조성한 것도 이 깜찍한 카펫이었다.

그 귀엽고 사랑스러운 이미지의 매직 카펫과는 느낌이 많이 다른, 입이 떡 벌어지도록 아름답고 웅장한 카펫이었지만 보는 순간 내 머릿속에는 왠지 자우림의 〈매직 카펫 라이드〉가 자동으로 재생되었다. 그러나 그 매직이 어떻게 가능했는지 그 이면의 이야기를 알게 된 순간 찬란했던 마법은 단박에 사라지고 말았다. 영화와 달리 그 안에는 자유도 사랑도 없었다. 오히려 그 반대의 것들이 카펫 안에 어둡게 또아리를 틀고 있었다.

| 태피스트리에 담긴 이야기 |

우선은 미술관에서 만난 태피스트리에 담긴 이야기부터 시작해보

■ 심지어 포켓볼도 잘 친다.

자. 앞서 밝혔듯 이 작품들은 콘스탄티누스 1세의 삶을 담은 시리즈로 제작되었다. 그는 최초의 기독교인 로마 황제로 세계사뿐 아니라 기독교 역사에도 큰 획을 그은 인물이다. 세계사 시험에 자주 등장하던 밀라노 칙령과 니케아 공의회는 모두 이분의 작품. 313년의 밀라노 칙령은 기독교에 대한 관용을 선포한 것으로, 이를 기점으로 기독교는 박해의 대상에서 벗어나 정식 종교로 공인받게 되었다. 325년에는 이분의 주도로 제1차 니케아 공의회▪가 소집되었는데 기독교의 교리며 쟁점, 이단 등을 논의하고 결정하는 회의체였다. 콘스탄티누스 1세는 비잔티움을 로마 제국의 수도로 정했는데, 그가 죽고 나서 비잔티움은 '콘스탄티누스의 도시'라는 뜻의 콘스탄티노폴리스로 개명했고 그 후 천 년이 넘게 로마의 수도로서 종교와 문화의 중심에 자리하게 된다.

이 글은 작품 자체의 감상이 크게 중요한 글은 아니기에 시리즈 중에서 〈밀비우스 다리에서의 전투〉▪▪라는 작품만 가져와본다. 슬쩍 보기만 해도 그 솜씨와 화려함을 충분히 짐작할 수 있을 것이다. 이 시리즈는 중심 되는 장면들을 둘러싸고 여러 가지 문양이 얽혀 액자처럼 그림을 장식하는 형태로 제작되었는데, 반복적으로 아래쪽에 등장하는 독수리라든가 왼쪽 한가운데에 등장하는 세 개의 클로버 같은 문양은 이 작품을 제작한 가문이나 권력의 상징들이다. 당시에 태피스트리 제작

▪ 그러나 시험 문제에 자주 등장하듯이 황권이 신권에 개입하는 계기가 된다.
▪▪ 이 전투로 인해 콘스탄티누스 1세는 당시 서방 세계에서 유일한 강자로 군림하게 된다.

<밀비우스 다리에서의 전투>, 1623~1625

으로 유명했던 파리의 워크숍에서 양모, 견사, 금실과 은실 등을 써서 제작했다고 한다. 색감도 화려하고 인체는 더할 나위 없이 사실적으로 묘사됐으며 음영과 볼륨감, 장식의 섬세함은 입이 떡 벌어질 정도다. 이게 실로 짜낸 작품이라니.

당연한 얘기지만 1620년대에는 방적기가 없었다. 이 어마어마한 크기의 태피스트리는 모두 한 올 한 올 사람이 손으로 직접 짠 것이다. 아주 오래전부터 계승된 전통적 카펫 제조 방법을 사용했다는데, 화가가 스케치를 하면 그걸 거울에 비춰보면서 기본이 되는 실에다 색실을 한 올씩 매듭지어주고 그 끝을 잘라가면서 무늬를 짜 넣는 방법으로 만들었다고 한다. 거울에 비치는 그림을 보고 무늬를 짜 넣기 때문에 다음 그림에서 보듯이 원본 스케치와는 좌우가 대칭되는 결과물이 나온다. 1제곱인치, 즉 가로·세로 약 2.5센티미터의 면적에 90개 정도의 매듭이 들어갔고 매듭 수가 많을수록 단단하고 풍성한 좋은 제품으로 쳤다고 한다.

지금 소개한 작품들은 모두 루벤스가 초안 스케치를 담당했다. 《플란다스의 개》에서 네로가 그토록 선망하던 루벤스. 어린 시절에 동화의 주인공이 비참하게 죽어버리는 결말은 굉장히 드물고 충격적인 것이어서 어린 내 마음에 가난과 굶주림, 빈부의 격차 같은 어두운 단어들을 효과적으로 심어준 이야기였다. 그 시절 TV에서 방영하던 〈플란다스의 개〉를 보며 엉엉 울었던 나는 미술관에서 루벤스의 작품을 만날 때마다 왠지 가슴이 떨렸다. 이렇게 따뜻하고 편안한 몸으로 당당히

| 루벤스의 원화 스케치 | 태피스트리 완성품 |

루벤스의 그림을 감상할 수 있다는 사실에 왠지 모를 죄책감이 느껴지기도 했다. 그토록 보고 싶었던 루벤스의 그림 앞에서 네로는 행복했을까. 재능도 꿈도 많았던 아이가 돈이 없다고 사랑하는 친구를 잃고 가엾게도 추위와 배고픔에 죽다니. 생각만으로 울컥해지면 개화기에 육당 최남선에 의해 《불쌍한 동무》라는 제목으로 번역되어 나왔다는 사실을 떠올리곤 한다. 그러면 눈물이 쏙 들어가면서 웃음이 난다. 네로는 호월이, 아로아는 애경이, 파트라슈는 바둑이로 번역되었다는 사실을 아시는지.

이렇게 그 이름도 유명한 루벤스가 초안을 담당했다는 사실만으로 이 태피스트리 작품들이 얼마나 예사롭지 않은 물건인지 느낌이 살짝 올 것이다. 당시 유럽에서 태피스트리는 왕족과 귀족들에게 굉장히 선호되었는데 여러 이유 중에서도 중요한 것은 운반의 편리성이었다. 1가구 1주택 따위 평생 모르고 여기에 궁전, 저기에 별장, 거기에 성이 있던 그들로서는 레지던스를 옮길 때마다 편하게 둘둘 말아 운반할 수 있는 데다 벽에 걸어 추위도 막고 아름다운 장식성도 충족시킬 수 있는 이 기특한 아이템이 몹시 흡족했을 것이다. 그런데 보다시피 태피스트리는 엄청난 고가의 사치품이었다. 루벤스 같은 화가의 원본 스케치도 있어야 할뿐더러 사람이 일일이 그 수많은 매듭을 지어 커다란 작품을 완성하려면 돈도 시간도 어마어마하게 들었던 것. 필라델피아 미술관 발코니에 걸린 것 같은 태피스트리 한 개를 제작하는 데는 실제로 성을 한 채 쌓을 수 있는 비용이 고스란히 들어가 박혔다고 한다. 태양왕으로 알려진 루이 14세Louis XIV는 루브르와 튀일리 궁의 거대한 갤러리를 장식하기 위한 카펫 93개를 제작했는데, 8미터에 5.5미터라는 역사적 길이의 화려한 카펫들이 이 시기에 제작된다. 흔치 않은 크기의 거대한 공간들을 장식하기 위해 두 개의 라이벌 워크숍이 약 15년간 동시에 쉴 새 없이 돌아갔는데, 이는 스케일과 화려함에 있어서 베르사유 정원을 조성한 치적에 비교되는 프로젝트였다고 한다.

| 마법이 사라진 순간, 일하는 아이들 |

여기까지는 뭐 그럴 수 있겠다. 돈이 많으면 뭔들 못 하겠나 하고 감상하던 중이었다. 그런데 가는 실을 매듭지으려면 투박하고 커다란 어른의 손보다는 가느다랗고 말랑말랑한 여린 손끝이 필요했고, 그래서 이 프로젝트에 고아들을 비롯한 수많은 아이들이 투입되었다는 사실을 알게 된 순간부터 당황스러워지기 시작했다. 10세에서 12세 사이의 어린 소녀들이 특히 많이 동원되었다고 했다. 한창 좋아하는 사람이 생기고 나의 세계가 만들어지기 시작할, 초등학교 고학년 나이의 말랑말랑한 아이들. 결정적으로 그다음 설명을 듣고 나서 아름다운 마법은 잔혹한 현실 앞에서 여지없이 깨져버렸다. 눈이 편한 오스람 LED 전구 따위 없던 시절. 골방에 갇혀 쉴 새 없이 수많은 매듭을 짓다 보면 눈이 혹사당하기 일쑤였고, 카펫을 완성하고 나면 아이들은 대체로 시력을 잃었다는 것이다. 우표만 한 면적에 백 개의 매듭이 들어갔으니 8미터에 5.5미터의 길이면 매듭 수가 얼마나 많았을 것인가. 그럼에도 불구하고 이 작업은 꽤 선호되는 직종이었다는데, 몸이 부서지고 착취당해도 나와 내 가족이 평생 먹고살 만한 돈을 얻을 수 있었기 때문이었다고 한다. 시력을 잃어가며 말랑말랑한 손가락을 놀렸을 태피스트리 짜는 소녀들, 힘들어도 내 부모와 동생들을 위해 기꺼이 그 일을 하러 갔던 마음들을 생각하며 나는 아찔한 기분을 느꼈다. 저 빽빽한 씨줄과 날줄에 아이들의 찬란한 생명력과 시력이 조금씩 녹아들어 있는 것이었다.

스웨트 숍sweat shop, 즉 노동착취 공장에 대해 들어본 적이 있을 것이다. 한마디로 거지 같은[■] 노동환경에서 착취당하는 형태의 노동이 이

[■] 마땅한 형용사를 찾다가 포기했다.

루어지는 작업장을 말하는데, 인건비 절감을 위해 대체로 제3세계에 있는 경우가 많다. 미국 노동부의 규정에 따르면 '최저임금', '미성년자 노동과 부당 해고 금지' 등 적어도 두 가지 기초 노동법을 어기는 작업장을 이렇게 부른다. 특히 의류 공장 중에 스웨트 숍 형식의 경영으로 비난받은 곳이 많다. 옷은 누구나 입어야 하지만 고도의 기술이 필요하지는 않은 노동집약적 상품이기 때문이다. 그저 싼값의 노동력만 있으면 쉽게 이윤을 올릴 수 있는 분야다. 이런 방식의 경영으로 문제가 되었던 기업은 대체로 우리가 잘 아는 기업들이다. H&M, 아디다스, 유니클로 등이 대표적이고 그중에서도 가장 큰 이슈가 되었던 것은 나이키다. 저스트 두 잇. 그냥 하라는 이 유명한 초국가적 기업의 축구공과 스포츠화 등이 파키스탄과 방글라데시 등지에서 특히 열악한 환경의 아동 노동으로 만들어진다는 사실이 알려지면서 1990년대에는 전 세계적으로 스웨트 숍 반대 운동이 일어났다.

당시의 자료에 따르면 나이키 공장에서 일하는 소녀 노동자는 시간당 15센트를 받았다고 한다. 2000원도 아니고 200원이라니, 유아인 씨가 등장해서 어이를 좀 찾아야 할 판이다. 그렇게 하루 11시간을 일해 만들어진 제품의 생산 원가는 6~7달러에 불과했는데 이 신발들은 유럽과 북미에서 열 배 부풀려진 70달러에 팔려나갔다. 나이키 광고에서 "I believe I can fly"라며 날아올랐던 마이클 조던에게 지불한 금액이 인도네시아 전체 노동자의 임금을 모두 합친 것보다도 많았다는 후문. 그런데 문제는 태피스트리를 짜던 17세기의 소녀들처럼 그 아이들은

12. 소녀들의 눈을 멀게 한 카펫

그렇게라도 돈을 벌어 생계를 꾸려갈 수 있음에 감사하는 상황이었다는, 실로 어이없는 현실이었다. 실제로 나이키 본사에서는 이런 상황을 자기합리화에 이용하기도 했다. 우리는 일자리를 준 것뿐이라고. 저스트 두 잇, 그냥 하라는 이 강렬한 문구는 그렇게 열악한 환경에서 착취당하는 아이들에게 못난 어른들이 던졌을 법한 잔인한 명령 같기도 하다.

축구공 하나를 만들려면 32개의 가죽 조각을 붙이기 위해 700번의 바느질을 해야 한다고 한다. 숙련된 재봉사도 하루에 다섯 개밖에 만들 수 없다고. 이 문제가 전 세계적으로 대두되었던 90년대 중반에는 취학 연령인 일곱 살 부근의 아이들 수천 명이 납품 일정을 맞추기 위해 가족과 오랜 시간 일해야 했다. 대개 학교 교육을 전혀 받지 못한 채, 친구들과 그놈의 공으로 공놀이할 시간도 제대로 얻지 못한 채, 과도하고 부당한 노동에 시달렸던 것이다.

초기에는 변명과 자기합리화에 급급했던 나이키는 시간이 지나면서 적극적인 자세로 문제를 해결하려는 노력을 보인다. 진심으로 통렬히 반성하고 기업 마인드를 바꾼 것이든, 이 문제를 해결해 그럴듯한 이미지를 만들어야 한다는 전략적 판단이든 간에 이제는 사회적 책임을 중시하는 기업의 이미지로 변신했다. 여성들의 주체적인 삶을 응원하는 광고며 집단따돌림과 인종차별에 반대하는 광고까지, 최근 나이키의 행보는 무척 흥미롭다.

하지만 아동 노동 착취와 지구적 불평등 문제는 아직도 현재 진행

형이다. 공정 무역 인증을 받은 커피나 초콜릿을 소비하자는 주장을 들어본 적이 있을 것이다. 우리가 커피를 홀짝이며 아이들의 교육 문제를 토론하는 동안, 에티오피아에서는 그 커피 원두를 생산하기 위해 수많은 아이들이 학교에 가지 못한 채 부당한 노동에 시달린다. 커피의 경우 뉴욕과 런던의 선물 시장에서 메이저 기업들이 원두 가격을 책정하는데, 그 원두들은 중간 상인들이 제3세계 생산자들을 착취하고 단가를 후려쳐 모으는 경우가 많다고 한다. 커피 하면 우리는 보통 브라질, 콜롬비아 같은 남미 국가를 떠올리지만 우리가 즐겨 마시는 믹스 커피의 원료는 대부분 베트남에서 온다는 사실을 알고 계시는지. 베트남은 브라질에 이어 전 세계 커피 수출국 순위에서 꾸준히 2위를 차지하는 국가다. 이 정도로 베트남 커피가 활발히 유통된다면 커피를 생산하는 베트남 사람들의 생활도 나아졌어야 할 텐데 전혀 그렇지 못하다. 2015년 기사에 따르면 베트남 전체의 평균 빈곤율이 28.9퍼센트인데 주요 커피 생산지인 중앙고원지역의 빈곤율은 51.8퍼센트에 달했다. 그만큼 커피 공급망 맨 아래에 위치한 생산자들에게는 거의 돌아가는 것이 없는, 착취에 가까운 구조였다는 뜻이다. 15센트 주고 한 시간 일시키던 나이키 공장과 비슷한 구조였다는 얘기다. 프랑스 식민 지배기에 베트남에 커피가 심어졌고 이를 기반으로 오늘날의 생산 구조가 이루어졌다는 사실도 영 입맛이 쓰다.

달콤한 사랑의 메신저로 밸런타인데이의 공식 선물 아이템의 지위를 얻은 초콜릿도 그 이면을 들여다보면 전혀 달콤하거나 사랑스럽지 않다. 초콜릿 원료인 카카오의 70퍼센트는 서남아프리카 지역에서 생산되는데 수많은 아이들이 초콜릿 때문에 노예처럼 착취를 당해왔다. 2018년 국민일보 기사에 따르면 코트디부아르에서만 여전히 어린이 210만 명이 카카오 농장에서 일하는데, 무거운 칼이나 전기톱을 들고 높은 나무를 오르내리며 하루 종일 중노동을 한다고 한다. 이들 중 상당수는 초콜릿을 맛보기는커녕 카카오가 초콜릿의 원료가 된다는 사실도 모른다고. 2021년 현재 네슬레와 허쉬 등 이름만 들어도 달콤한 글로벌 식품 기업들이 코트디부아르의 코코아 농장에서 수천 명의 아동 노동 착취를 묵인했다는 혐의로 미국에서 피소된 상태다. 우리에게 달콤한 초콜릿이 다른 누구에게는 말할 수 없이 썼던 것이다.

자본주의, 시장경제, 자유무역, 글로벌화, 모두 우리에게 익숙한 용어다. 공정한 생산과 경쟁이 이루어진다면 좋겠지만 주로 선진국이 구상하고 내놓는 시스템 속에서 제3세계는 착취당하고, 1세계로 편입하고 싶은 2세계 국가들은 1세계 국가들의 묵인 속에서 그 착취에 가담해 신분 상승을 꾀하는 경우가 많다. 한국도 이 구조에서 자유롭지 못하다. 90년대 당시 스웨트 숍 반대 운동에 나이키가 내놓았던 답변 중 하나는 "우리는 하청을 줬을 뿐 아시아 생산 공장은 대체로 한국인들 소유다"라는 거였다. 한국의 공장 책임자들이 현지 노동자들을 구타하고 착취했다는 보도도 이어졌다. 중간 세계가 제3세계를 후려쳐 떨어지는 콩고물을 냠냠 먹으며 1세계에 돈을 벌어다 주는 구조. 이 세상에는 전 지구적으로 불평등한 구조를 만들어두고 높은 이윤을 취하려던 초국가적 기업이 많았고, 우리는 거기에 더러운 손으로 복무한 경험이 있는 것이다. 자본은 새로운 시장과 값싼 노동력을 찾아 이 나라 저 나라로 끊임없이 이동한다. 돈을 버는 건 좋은데, 정승처럼 쓰는 것도 좋은데, 정승처럼 쓰든 망나니처럼 쓰든 개같이 벌지는 않았으면 좋겠다.

아이들의 말랑말랑한 손가락을 혹사시켰던 프랑스의 태피스트리 워크숍처럼 가난한 자들과 어린이들을 착취하는 구조는 늘 이렇게나 전통이 깊었다. 매직 카펫도, 아이 빌리브 아이 캔 플라이도, 하늘을 날겠다고 가엾은 아이들의 머리를 짓밟고 올라선 꼴이다.

| 불평등은 국경을 넘는다 |

문제는 여기에서 끝나지 않는다. 예전의 다국적 기업은 본부가 자국에 있었고 대부분의 상품을 그 나라에서 만들고 팔았다. 그래서 자국 정부에 책임이 있었고 세금도 그 나라에 냈다. 이렇게 원래 자본에는 국적이 붙어 있었다. 그래서 기업이 뻘짓을 하고 있으면 본사가 있는 나라에서 책임을 묻고 제재를 가해야 하는 거였다. 베트남의 커피 생산자들이 너무나 빈곤하면, 코트디부아르의 아이들이 착취를 당하면, 해당 국가가 나서서 그들을 보호하고 복지를 고민하는 것이 룰이었다. 하지만 새롭게 등장한 초국적 기업은 개별 국가의 경계를 뛰어넘는다. 이제는 다국이 아니라 초국이다.◾ 다국은 그래도 몇 개의 국적을 복수로 가지고 있었다는 뜻이지만 초국이라는 건 아예 국가를 초월했다는 말이다. 2019년 자료에 따르면 월마트는 전 세계적으로 220만 명을 고용했고 한 해에 5240억 달러의 수익을 냈다. 우리 돈으로 600조에 달하는 액수다. 국회를 통과한 우리나라 2021년 예산이 558조니까 우리의 한 해 예산과 맞먹는 돈을 기업 하나가 한 해에 벌어들인 셈이다. 국가의 경계를 넘은 이 초국적인 기업들을 정부가 통제하는 일은 점점 어려워진다.

정치철학자 김만권은 새로운 시대의 분배를 고민하기 위해 쓴 책 《새로운 가난이 온다》에서 제2 기계시대의 인간들이 위험에 처해 있다고, 그 이유는 제1 기계시대가 만들어놓은 보호 시스템이 허물어져버렸기 때문이라고 말한다. 제1 기계시대는 증기와 전기를 통해 인간의 육체적 능력을 획기적으로 증폭시켰던 시기, 제2 기계시대는 바로 오늘날의 시대, 즉 디지털 기술을 통해 인간의 정신적 능력을 폭발적으로 증폭시키는 시기를 말한다. 후자는 4차 산업혁명과 맞물리는 개념이다. 시대별로 기계가 하는 일과 작동 방식이 완전히 다르다고 보면 좋겠다.

제1 기계시대를 경험한 서구사회는 폭발적인 생산력의 향상을 경험하는 동시에 노동자 보호의 필요성을 절감했다. 세계대전과 공황을

◾ 그래도 국 중의 국은 BTS의 정국이다.

267

거치면서, 생산을 지속시키려면 건강한 노동력을 안정적으로 확보하는 일이 무척 중요하다는 깨달음을 얻었던 것이다. 이런 문제의식을 가졌던 제1 기계시대는 노동 3권의 보장, 국가가 보장하는 사회보험의 형식을 통해 문제를 해결하려고 했다. 이것이 소위 말하는 케인스식의 브레튼 우즈 체제Bretton Woods System였다. 이렇게 제1 기계시대는 향상된 생산력만큼 노동자에게 소득과 권리를 함께 보전해주는 방향으로 세상을 구성하고자 했다.

하지만 제2 기계시대가 만들어낸 디지털 기술을 기반으로 한 플랫폼 경제는 노동자의 권리를 보장해주는 시스템을 회피하는 형식으로 일자리가 제공되고 있어 우려스럽다. 상업 경제와는 전혀 다른 아이디어로 만들어진 공유 경제는 어쩐지 사람들을 보호 장비 없는 경쟁 상태로 몰아넣고 있다. 공유 차량을 승객에게 연결해주고 수수료로 이윤을 얻는 운송 네트워크 회사인 우버를 예로 들어보자. 드라이버로 가입하는 사람이 차량도 소유하고 있어야 하고 차량 보수나 유지 관리도 담당해야 하는데, 보험은 알아서 가입해야 하고, 별점이 유지되지 않으면 안정적 고용도 없고, 무엇보다 파편화되어 있어 노동 3권 같은 것을 기대하기도 어려운 구조다. 노동권과 안정적 일자리, 사회 보험 같은 제1 기계시대가 만들어놓은 해법들이 모두 적용되지 않고 있다는 얘기다. 여기에 큰 역할을 한 것이 워싱턴 컨센서스Washington Consensus에 기반한 신자유주의다. 산업구조가 바뀌면서 생산의 중심 역할을 하던 노동자 계급이 쇠퇴했고 그들의 정치력도 동시에 빛을 잃었다. 국가의 경계 밖에 늘 값싼 노동력이 있으니 자본으로서는 아쉬울 것이 없었다. 신자유주의는 시장이 정부보다 효율적이라고, 많은 세금을 내게 하는 복지 체제에서 벗어나자고, 열심히 일하면 개개인의 노력과 재능만으로 국가의 도움 없이도 충분히 자신을 보호할 수 있다고 끊임없이 속삭였다.

디지털 분야는 승자 독식의 경향이 강해서 이 기술을 활용할 수 있는 사람과 없는 사람으로 계층을 나누고, 그중에서도 소수에게만 이익이 가는 구조다. 그래서 세상의 불평등은 더 심화되고 있다. 2019년 국세청 자료에 따르면 한국의 상위 0.1퍼센트가 중위 소득의 64배를 벌었다고 하고, 세상에는 슈퍼리치라는 말도 모자라 울트라리치ultrarich라는 존재들이 등장한다. 문제를 만들어내는 건 국경을 초월한 글로벌 마켓의 행위자들인데 그 문제를 처리해야 하는 단위는 국가라는 점도 딜레마다. 국가의 경계는 한쪽으로는 허물어지면서도 다른 쪽으로는 허물어지지 않는 요상한 모습으로 고군분투 중이다.

지구적 불평등의 문제는 아직도 진행 중이지만 여기에서도 국가의 경계가 허물어지고 있는 중이다. 다시 말해서 문제는 꼭 국경을 따라 발생되는 건 아니다. 스웨트 숍이라는 것이 나이키 미국 본사와 베트남의 노동자들, 베트남 현지에 하청 공장을 지은 한국, 이렇게 3국이 국가의 경계를 유지한 채 연결되었던 전통적 구조에서만 존재하는 게 아니라 LA라는 도시, 뉴욕에 위치한 레스토랑 하나, 이렇게 다른 층위에서 재생산되고 있는 것이다. 미국인 오너, 그리스 출신 셰프, 시리아 난민 출신의 주방 보조의 조합이라면 어렴풋이 느낌이 올 것이다. 〈로스 앤젤레스타임스〉는 2020년 코로나 바이러스 발발로 마스크 부족 대란을 겪으면서 LA 안에 스웨트 숍이 운영되었음을 고발하는 기사를 냈다. 기존에 LA 전역의 의류 공장에서 일하던 노동자들이 급히 마스크 생산에 투입되었는데 '생계 유지가 불안정한 남미 출신의 노동력, 최저임금의 반 정도 되는 급여, 감염 위험에 노출되는 위험한 근무 환경, 코로나 바이러스로 인한 대량 실업의 공포' 등이 결합되어 제1 세계인 미국의 LA 안에도 스웨트 숍이 운영됐다는 것이다. 그러므로 이는 국가의 문제가 아니라 기본적으로 인간이 인간을 대하는 문제다. 명목상으로나마 국민을 보호할 의무가 있었던 국가의 경계가 허물어지는 상황에서, 자본이라는 무법자가 맹위를 떨치는 세상에서, 우리는 어떻게 서로를 보호하며 살아가야 하는 것일까. 우리가 기본소득이나 기초자본 같은 새로운 분배 방식을 고민하는 이유, 전 국민 고용 보험 같은 새로운 보호망을 고민하는 이유가 여기에 있다.

| 거긴 아직도 그럽니까 |

불평등에 관해 이야기하다 보니 글이 길어졌지만 사실은 무엇보다 미술 작품을 감상할 때의 안락한 존zone에 대해 얘기하고 싶었다. 우리는 미술관에 보통은 즐겁고 행복해지려고 간다. 내가 본격적으로 미술관을 찾게 된 이유도 그랬다. 유학 시절 회색 활자에 지친 눈이 호사를 누리고 싶을 때, 그저 색깔과 형태에 편안히 안겨 있고 싶은 마음이 들면 학생증을 티켓 삼아 미술관을 찾았다. 나부터도 미술작품을 볼 때만큼은 그저 이런저런 생각 하지 않고 편안한 마음으로 눈으로 쏟아져 들어오는 감각을 즐기고 싶다고 생각할 때가 있다. 하지만 우리가 대체로 감탄할 준비를 하고 간다는 바로 그 지점이 우리의 눈을 가릴 수 있다. 사랑하는 사람의 어여쁜 외양만 쓰다듬기보다는 그 사람 내면의 그늘과 고통을 인지하고 상대의 눈을 바라보는 것이 더 아름답듯이, 우리가 다소 무방비적으로 감상하러 가는 작품들 안에 제법 그늘이 많다는 사실을 명확히 인지하고 즐기는 편이 나와 그 작품 간의 좀 더 입체적인 만남이 아닐까.

그렇게 마법처럼 아름다운 카펫을 만든 아이들은 노래 가사처럼 한 번뿐인 인생, 가지고 싶은 걸 가져볼 시간도 충분히 갖지 못하고 눈이 멀어버렸다.

나는 아이들 손을 만져보는 걸 좋아한다. 말랑말랑하고 조그만 손이 얼마나 귀여운지. 그 단풍잎 같은 작은 손으로 사부작사부작 가위질도 하고, 과자도 몰래 집어 먹고, 엄마도 쓰다듬어준다. 손전등을 갖다 대면 불빛이 통과할 정도로 조그맣고 얇은 손. 돈을 버는 일이 재미있고 좋아서라면 몰라도 생계를 책임지는 일은 이 조그만 손 위에 되도록이면 천천히 놓였으면 싶다. 이 말랑말랑한 손이 그런 일에 쓰여야 했다니. 아니, 지금도 어딘가에서는 그런 일에 쓰이고 있다니. 불과 몇 년

전 파키스탄에서 10세짜리 유모▪가 착취와 학대에 가까운 처우를 받다가 결국은 고용주 부부로부터 심하게 폭행당했다는 기사를 보고 마음이 무너져 내린 일이 있다. 정확히는 그 안에 실린, 심하게 얻어맞은 아이의 사진을 보고 심장을 한 대 세게 맞은 것 같은 느낌을 받았다. 아직도 세상에는 인권에 대한 배려 없이 노동을 강요당하는 아이들이 많고 그중 대부분은 제3 세계 어린이들이라고 한다. "빈민을 돕는 것은 세계시민으로서 우리의 의무"라는 호주 철학자 피터 싱어Peter Singer의 말이 여전히 무겁게 떠오르는 시공간에 우리는 살고 있다. 드라마 〈시그널〉의 명대사가 떠오른다.

"거긴 아직도 그럽니까."

▪ 유모와 10세라는 두 단어의 조합은 아직도 너무나 낯설다.

12. 소녀들의 눈을 멀게 한 카펫

13.

공이 굴러간 곳에서
니체를
다시 만나다

그늘 속 어른과
빛 속의
어린아이

12월의 첫날, 이곳에 눈이 내렸다. 아빠의 기일이라 새벽부터 커튼 열어볼 여유도 없이 바빴다. 흰 카네이션 한 다발을 손질해 유리병에 꽂고 간단한 음식에다 맛있는 독일 맥주를 한 잔 따라드렸다. 그 앞에서 손을 모으다 조금 울고, 도시락을 준비하기 시작했다. 눈을 비비며 엄마를 찾아 나온 아이들은 하늘나라에 계신 할아버지가 우리 집에 놀러 오는 날이라고 하니 그 앞에서 즐거운 표정이었다. 아마 할아버지 사진 앞에 수북하게 놓인 달콤한 렙쿠헨Lebkuchen▪ 때문이었을지도 모르겠다. 당뇨로 오랜 시간 고생하신 아빠를 생각하며 나는 아빠가 좋아하셨을 법한 단 음식들을 일부러 챙기곤 한다.

▪   크리스마스 무렵 많이 먹는 독일식 진저브레드 쿠키.

"엄마, 할아버지가 놀러 왔어?"

"응, 오늘 우리 집에 놀러 오시는 날이야. 이음이도 할아버지한테 인사해."

"엄마, 그런데 할아버지가 술 먹어."

배시시 웃으며 사진에 대고 할아버지 안녕하세요, 이음이에요, 하고 인사를 드린 네 살배기는 죽음이 뭔지 모른다. 한 번도 만나지 못한 할아버지인데 그 이유를 궁금해한 적이 없다. 렙쿠헨 하나를 오물오물 행복하게 먹더니 자기도 할아버지한테 놀러 가고 싶단다. 자기가 좋아하는 옷을(그것도 반팔) 신중하게 두 벌 골라놓고 두 개를 다 입고 싶다고 눈을 반짝이는 아이. 할아버지는 하늘나라에 계셔서 갈 수 없다고 하니 울음이 터졌다.

"이음이도 할아버지한테 가고 싶어어어어어!"

"하늘나라에 계셔서 갈 수가 없는데…."

"하늘나라에는 비행기 타고 가면 돼! 갈 거야!"

품에 안겨서 서럽게 엉엉 우는 아이에게 무슨 얘기를 어떻게 해줘야 할지 말을 고르고 있던 그때. 첫째가 마법 주문 같은 말을 내뱉었고 상황은 종료되었다.

"엄마, 눈이 와!"

첫눈이었다. 어둠을 틈타 제법 소복하게 쌓여 있던 눈. 사진 속 할아버지처럼 조용히 웃으며 아직도 내리고 있는 눈을 보고 아이들은 신이 났다. 아빠도 저 눈을 밟고 우리 집에 놀러 오셨겠구나. 발이 시리진 않으셨을까. 머리 한번 쓰다듬어보지 못한 손주들에게 아빠가 가져오신 선물 같았다.

"엄마, 이것 봐. 콜록콜록 하면 입에서 볼케Wolke, 구름가 나와."

골목은 학교로 향하는 행복한 꼬마들의 웃음소리와 신난 멍멍이들의 발자국으로 가득했다. 눈을 뭉치고 던지고 뿌리고 입에도 넣느라 1미터 전진이 어려운 등굣길. 아이를 낳고 급격히 추위를 타게 된 나는 서둘러 돌아가고 싶었지만 아이들은 이 하얀 세상에 1초라도 더 머물고 싶어 했다. 그렇게 즐겁니. 눈이 오면 내복 바람에 맨발로도 마당에서 신나게 뛰어놀던 어린 시절의 기억이 잠시 스쳤다. 생각만으로도 오한이 스치지만 마음은 발갛게 데워지는 추억. 나도 입에서 나오는 구름이 신기해서 연신 조그만 숨을 내뱉던 시절이 있었는데. 지금 요 녀석들처럼 숨 쉬는 것마저도 즐겁고 신기하던 그런 시간이 있었는데. 그렇게 뽀드득거리는 흰 배경으로 아이와 어른, 삶과 죽음의 시간들이 교차하던 아침이었다.

| 아 이 의 세 계 와 어 른 의 세 계 |

아이는 어른과 분명 다른 세계에 산다. 같은 세상인데 그 세상에는 마법의 콩가루라도 뿌려져 있는 것 같다. 작은 일에도 신나고 세상은 반짝거린다. 욕조에 들어앉아도 전화기를 쥐는 나와는 달리, 아이들은 목욕할 때 물속에 떠다니는 실밥 하나로 5분이 즐겁다. 그걸 잡겠다고

둘이서 물을 휘저으며 좋아 죽는다. 작은 수건이라도 하나 갖고 들어가면 30분도 가능하다. 적셨다가 짰다가 수면에 철퍼덕 때렸다가 얼굴에 덮었다가 머리에 썼다가 붕대처럼 감았다가, 세상에 이렇게 신날 수가 없다. 욕실 바닥에는 홍수가 나지만 그래도 깔깔대는 아이들 웃음이 욕실의 훈훈한 김처럼 따뜻한 위로가 되곤 한다. 어른의 웃음과는 달리 아이들 웃음소리엔 찬란한 데가 있다. 그 소리를 듣는 것만으로 왠지 머리 위로 축복이 부어지는 느낌이다. 어른의 세상에 눈이 오면 감탄사는 짧고 걱정은 길다. 치울 걱정, 미끄러울 걱정, 녹으면서 더러워질 걱정. 하지만 아이들의 세상에서 눈이란 순수하게 감탄과 웃음만을 유발하는 존재다. 작은 인간들은 그 순간을 한껏 즐길 줄 안다. 책임이란 단어를 몰라도 되는 존재란 이토록 빛이 나는 것이다.

　아이의 세계와 어른의 세계, 그 경계에 대해 생각해보게 한 그림이 있다. 펠릭스 발로통Félix Vallotton의 〈공Le Ballon〉. 사선으로 나뉜 구도를 따라 화폭에는 두 가지 세계가 펼쳐진다. 그림자의 세계와 빛의 세계, 정靜의 세계와 동動의 세계, 어른의 세계와 아이의 세계. 그림 안에는 세 명의 인물이 있다. 뒤로는 푸른색과 흰색의 긴 옷을 단정히 입은 여성들이 보이고, 앞쪽으로는 팔락거리는 짧은 옷을 입은 한 소녀가 보인다. 어른들이 선 곳에는 그림자가 짙게 드리워 있다. 이 어른들은 나무처럼 서서 조용히 이야기를 나누고 있는데, 뒤쪽에 조그맣게 배치된 탓에 그 소리가 더더욱 들릴락 말락 할 것 같은 느낌이다. 이와 대비되는 밝은 빛의 공간에 아이가 있다. 타닥타닥, 발자국 소리도 들릴 것 같

　　　　　13. 공이 굴러간 곳에서 니체를 다시 만나다

펠릭스 발로통, <공>, 1899

은 생동감. 흰옷에 노란 모자를 써서 더욱 시선을 끄는 아이는 빨간 공을 쫓아 활기차게 달리고 있다. 공이 아이고 아이가 공이다. 공처럼 굴러가는 아이. 어디로 튈지 모르는 나이. 그림자는 점점 아이를 삼키려는 것처럼 보이고 아이는 그로부터 달아나려는 듯도 보인다.

아이는 공 그 자체다. 동그랗고, 어디로 튈지 모르지만 통통 튀어가는 발랄한 물건. 발로통은 빨간 공 안에 흰 점을 콕 찍어 반짝이는 빛과 윤기를 표현했다. 저 빨갛고 탐스러운 공처럼 아이들에게선 늘 윤기가 난다. 윤기를 잃은 중년의 나는 세탁기에 여러 번 돌려진 빨래 같다. 하루하루 색이 바래가는 모습에 거울을 보는 일이 가끔은 슬프다. 하지만 아이들의 윤기는 깊은 밤 칠흑 같은 어둠 속에서 손끝으로도 느낄 수 있다. 탐스럽게 매끈거리는 머릿결과 보드랍고 탄력 있는 볼. 생명의 윤기란 이런 것인가 싶다.

외양뿐 아니라 마음에도 윤기가 흐른다. 어른의 세상에는 이해할 수 없는 일들이 많아 힘들고 괴롭지만 아이의 세상은 이해할 수 없는 일들이 많아 신비롭고 재미있다. 아이들은 기쁨도 슬픔도 감추지 않는다. 엄마가 낮잠을 자다 일어나면 그 모습을 보고 기뻐 소리 지르고, 단 것 그만 먹으라는 소리에 서러워서 2초 만에 엉엉 울고, 신나는 음악이 나오면 누구도 의식하지 않고 춤인지 체조인지 격투기인지 모를 희한한 춤을 춘다. 작은 인간들은 아주 작은 일로도 환호성을 지른다. 놀이터 가자는 말에 용수철처럼 튀어 오르고, 아빠가 감자칩을 한 봉지 사왔다고 방방 뛰며 세리머니를 한다. 아이들은 마음속 사랑도 재거나 감추지 않는다. 요즘의 나는 태어난 이래 가장 많은 사랑 고백을 받고 있다. 목이 졸릴 만큼 엄마를 꼭 끌어안고, 초콜릿이며 침 묻은 입술을 사정없이 들이대는 아이들. 그렇게 아이들은 기쁨도 슬픔도 사랑도 온몸으로 표현하며 매 순간을 치열하고 충만하게 산다.

이토록 건강하게 빛나는 아이들, 하루하루 온몸으로 삶의 찬가를 부르는 아이들에게 주목한 철학자가 있다. 두텁게 드리워졌던 근대의 커튼을 열어젖혀 현대라는 무대에 조명을 비추기 시작한 인물, 바로 니체다. 가끔 생각한다. 계몽과 진보라는 시대정신이 우산처럼 씌워져 있던 근대는 어쩐지 부모 같고, 그게 싫다고 우산을 팽개치고 뛰쳐나간 현대는 알록달록한 아이들 같다고.

| 무언가를 뛰어넘은 자 |

위버멘쉬Übermensch라는 이상한 단어를 들어본 적이 있을 것이다. 니체의 《차라투스트라는 이렇게 말했다》에 나오는 인간형이다. 드라마 〈스카이 캐슬〉을 보신 분이라면 독서 토론회에서 예서가 자기도 위버멘쉬가 되겠노라며 잔망스러운 주장을 펼치는 장면을 기억하실지도 모르겠다.

용어 이름을 두고 논란이 많았다. 일본어 번역 때문에 오래도록 초인超人이라는, 광야에서 백마 타고 오셔야 할 분 같은 단어로 잘못 불렸다가 그 뒤로는 오버맨Overman이라는, 격렬한 오버로 상대의 할 말을 잃게 만드는 능력으로 저스티스 리그에 있을 것 같은 느낌으로도 불렸다가, 이제 학계에서는 대체로 위버멘쉬라는 독일어 단어를 그대로 사용하고 있다. 극복인克服人이라는 좋은 용어도 등장했지만 개인적으로는 극기복례의 성리학적 분위기가 풍겨 어쩐지 쓰기가 저어된다.

위버멘쉬는 말 그대로 뭔가를 넘어선über 사람Mensch이다. 우리를 둘러싼 기존의 통념이나 도덕 같은 것을 뛰어넘어 새로운 가치를 긍정적으로 창조해내는 사람. 니체의 다른 저작에서는 '주인', '정신적 귀족', '주권적 개인' 같은 표현으로도 등장하는데 모두 같은 뜻이다. 미

281

켈란젤로의 〈천지창조〉 일부분과 니체의 《도덕의 계보》를 다뤘던 첫 번째 글에서 니체가 왜 신은 죽었다고 선언했는지 이야기했다. 위버멘쉬는 바로 이런 신과 같은 초월자 없이도 스스로 건강하고 의미 있게, 그리고 행복하게 살아갈 수 있는 주인적인 인간을 말한다. 아이들 얘기를 하다가 왜 위버멘쉬의 소용돌이로 빠져들었냐면 니체가 위버멘쉬의 원형을 바로 이 건강하고 윤기 나는 아이들에게서 찾기 때문이다.

《차라투스트라는 이렇게 말했다》에서 니체는 인간의 정신이 세 단계를 거쳐야 한다고 했다. 널리 알려진 '낙타와 사자, 그리고 어린아이'의 비유다. 낙타는 가장 밑바닥의 존재, 노예 같은 존재다. 자신의 것도 아닌 남의 짐을 고집스럽게 짊어지고 땀을 뻘뻘 흘리며 힘들게 살아가는 사람들. 사실 대부분의 사람들이 낙타 같은 삶을 산다. 하지만 그 가운데서 '왜'를 말하는 사람들이 있다. 내가 왜 이런 짐을 지고 살아야 하는지, 왜 이런 것들을 따라야 하는지, 세상의 곳곳에 물음표를 던지는 사람들이 있는 것이다. 이런 의심과 반성적 사유를 통해 나를 짓누르는 무거운 짐을 훌훌 내던지고, 바람 같은 자유를 얻은 사자로 한 단계 고양되는 이들이 생겨난다.

하지만 큰 소리로 불호령을 내리며 세상을 향해 "No!"를 외치는 사자에서 멈춘다면 그냥 세상 모든 것에 가위표를 그리는 엑스맨이 되거나 세상만사 부질없는 허무주의자가 되기 쉽다. 파괴와 부정의 정신에 머무르지 않고 다시 만물을 유쾌하고 성스럽게 긍정하는 어린아이의 단계로 한 차원 더 나아가야 한다. 비록 파도에 허물어지더라도 끊임없

13. 공이 굴러간 곳에서 니체를 다시 만나다

이 모래성을 쌓으며 즐거워하는 아이. 생生을 온몸으로 감각하며 늘 긍정적으로 무언가를 창조하는 아이로 바뀌어야 한다는 것이다. 그리고 이것이 니체가 말하는 위버멘쉬의 전형이다.

> 아이는 순진무구함이며, 망각이고, 새로운 출발, 놀이, 스스로 도는 수레바퀴, 최초의 움직임이며, 성스러운 긍정이 아니던가.
>
> －니체, 《차라투스트라는 이렇게 말했다》

그리하여 니체는 모든 사람에게 위버멘쉬가 되라고, 아이가 되라고 말한다. 아이들은 허물고 부수고 또다시 쌓는 행위를 무한히 반복하며 즐거워한다. 조그만 두 발로 땅을 딛고 서서 이 세상의 공기를 흠뻑 마시며 누구보다 삶을 긍정하고 하루하루에 충실한 존재들이다. 아이들에게는 아직 내세의 개념도 초월자의 개념도 희박하다. 아이들을 위한 예쁜 그림책을 만드는 한 작가님과 아이들에 관한 이야기를 나누다가 가슴에 들어와 박힌 그분의 말이 있다. 아이들은 "지금을 사는 존재"라고. 건강한 몸과 마음으로 지금을 사는 존재, 그들이 바로 위버멘쉬다.

발로통의 그림 속 어른들은 그림자의 무거움에 짓눌려 있다. 그림 속 왼쪽 공간은 낙타의 구역이다. 하지만 아이는 대조적으로 바람처럼 가벼워 보인다. 짐을 내던진 사자처럼 홀가분하고 가벼워 보일 뿐 아니라 공을 쫓아 경쾌하게 뛰고 있다. 순진무구함이며, 망각, 새로운 출발, 놀이, 성스러운 긍정. 이 그림을 보고 나는 그렇게 니체의 낙타와 사자,

그리고 어린아이를 떠올렸다. 아이처럼 당최 해석하기 어려운 잠언 같은 글을 쓰고, 아이처럼 자기 자랑에 거침이 없었던 철학자의 얼굴이 저 빨간 공 위로 겹쳐 보였다.

| 빛의 공간에서 뛰놀 수 있기를 |

위버멘쉬가 꽤 오래 '초인'이라는 다소 부적절한 용어로 번역돼 사용된 탓인지, 아니면 니체 자신의 스타일이 고독한 천재 느낌이어서 그런지, 니체의 인간형은 뭔가 일반 대중과는 다른 사람, 엄청난 능력을 가진 사람, 무리에서 떨어져 홀로 고독하게 살아가는 수행자 같은 느낌으로 인식되는 경향이 있는 듯하다. 오해다. 위버멘쉬는 누구보다 다른 이들과 함께 가는 인간형이다.

예언 같기도 하고 잠언 같기도 한 문학적인 문장을 쓰는 니체지만[■] 그의 세상 인식은 굉장히 과학적이었다. 나더러 양자역학을 제대로 설명하라면 눈알을 굴리며 딴청을 피울 예정이지만 그래도 니체가 양자역학적으로 세상을 인식했다고 보면 좋을 것 같다. 이 세상은 인과법칙에 따르는 단선적 운동이 아니고 쌍방향적인 운동이라고 생각했던 것이다. 니체는 모든 인간이 각자의 의지를 가지고 운동하고 있기 때문에 이 세계는 씨줄과 날줄로 빽빽하게 엮인 직물처럼 어느 하나가 단독적

■ 세계문학전집에 당당히 들어가는 철학서라니, 멋있다.

으로 튀어 나갈 수는 없는 구조라고 생각했다. 내 옷에서 특별히 83번째 씨줄, 907번째 날줄이 중요한 것은 아니듯이, 그저 모든 씨줄과 날줄이 동등하게 함께 모여 옷감을 구성하듯이, 이 세상 속에서 뭔가 더 중요하고 덜 중요한 것은 없다고 본 것이다. 이렇게 같이 짜인 세상, 함께 엮인 세상에서 나 자신만을 위하는 건 불가능하다. 그러므로 위버멘쉬는 굉장히 관계적인 인간형이다. 혼자만 고독하게 월등히 뛰어난 초인의 느낌과는 다르다. 우리 모두가 고르게 이 세계를 구성하고 있으며 내가 어떤 행위를 하기 위해서는 나머지 모든 세계가 그렇게 움직여줘야 한다고 생각했던 사람이 니체다.

아주 간단한 예를 들어보자. 내가 오늘 바지를 입고 싶다. 그 행위를 하기 위해서는 이 세계가 내가 바지를 입을 수 있는 세계로 만들어져 있어야 한다. 바지가 철저히 남성의 옷으로 규정되었던 세계에서, 여성도 무심한 듯 시크하게 바지를 입을 수 있는 세계로 우리가 함께 이 세상을 만들어왔어야 나는 오늘 자유롭게 바지를 입을 수 있다. 이렇게 나의 자유는 타인의 자유와, 나의 발전은 타인의 발전과 같이 간다는 것을 아는 존재가 위버멘쉬다. 세상은 이렇게 서로 얽혀 있기 때문에 하나가 상승하면 같이 상승한다. 경쟁자가 훌륭하면 나도 훌륭해진다. "진정한 적은 진정한 벗이 된다"라는 니체의 말은 바로 이런 맥락에서 나온다.

드라마 〈스카이 캐슬〉의 독서 토론회로 되돌아가보자. 이 놀라운 고등학생들은 철학과를 다니는 대학원생도 이해를 할까 말까 한 《차라투스트라는 이렇게 말했다》를 별것 아니라는 듯 읽고 토론을 한다. 이 책에는 사실 "Ein Buch für alle und keinen"이라는 부제가 붙어 있다. 모두를 위한, 그러나 그 누구를 위한 것도 아닌 책. 니체는 이 책을 아마 아무도 이해할 수 없을 것이라 생각하고 썼던 것이다. 엄청난 비유며 상징이 난무하는 데다 시 형식의 산문이라 읽기조차 생소한 작품이다. 니체 전공자들도 니체의 다른 저작들을 먼저 읽고 가장 나중에 읽으라고 권하는 책이다. 이 놀라운 책을 읽은 고등학생 서준이가 말한다. 니체의 인간 정신의 발전 3단계 중 첫 단계, 자신의 짐도 아닌 것을 싣고 가는 낙타에서 자기 같은 학생들의 모습이 보여 슬펐다고. 그러고는 아빠인 차 교수로부터 책을 그 따위로 읽을 것이냐며 호통을 선물받는다. 반면에 예서는 학교에 자기가 너무 싫어하는 아이가 있는데 그 아이가 나의 진정한 벗임을 깨닫고 그 적을 극복함으로써 진정한 위버멘쉬가 되겠노라고 말한다. 그런 잔망스러운 주장을 하는 딸내미를 예서 엄마는 꿀이 뚝뚝 떨어지는 자랑스러운 눈으로 바라본다. 니체가 귤까먹으면서 이 드라마를 봤다면 굉장히 어이없었을 상황이다.

왜 그럴까. 우선은 이 독서 모임이 대학 입시를 대비한 스펙▪쌓기용으로 등장한다는 점이 아이러니하다. 위버멘쉬는 무엇보다 돈이나 학벌 같은 짐을 지며 고통스럽게 사는 삶을 거부하고 자기 자신에게서

▪ 기본적으로 무기나 물건의 사양을 가리키는 말이라서 쓰고 싶지 않지만, 즉 인간을 인간이 아닌 무기나 물건으로 보는 관점이 스며 있지만 너무 대중적으로 퍼진 말이라 일단 그냥 사용한다.

긍정적이고 건강한 가치를 획득하는 사람이다. 그런 의미에서 서준이의 해석은 옳았다. 대한민국의 많은 고3들은 낙타처럼 살고 있다. 반면에 위버멘쉬가 되겠다는 예서는 철저히 성적이나 주위의 기대에 고통스럽게 휘둘리는 아이다. 예서가 과연 스스로를 돌아보았을 때, 진정으로 좋은 의사가 되고 싶어서 서울대 의대를 목표로 하는 아이였을까. 예서는 빛의 공간에서 치마를 팔랑이며 공을 쫓아 뛰어가는 소녀였을까, 어두운 그림자 속에서 어깨에 놓인 무거운 짐이며 부모님의 기대에 짓눌려 신음하는 아이였을까.

조금 결은 다르지만 위버멘쉬의 관계성은 '한 아이를 키우는 데 온 마을이 필요하다'는 말과도 맥락이 닿는다고 본다. 그렇게 다정하게 연결된 마을에서 아이들이 마음껏 노래 부르고 춤추며 자랐으면 좋겠다고 생각한다. 그렇게 건강한 모습으로 '지금을 사는 존재'가 되었으면 좋겠다. 밝은 빛이 쏟아지는 곳에서 공을 따라 힘껏 경쾌하게 뛰어가는 저 소녀처럼.

크리스마스 저녁, 또다시 눈이 내렸다. 저녁에 동네 산책을 나갔다가 소낙눈을 만나 네 식구 모두 눈사람이 되어 귀가했다. 얼굴에 달려드는 눈 때문에 눈은 꼭 감고 엄마 손 꼭 잡고 걸으면서, 눈을 먹겠다고 혀를 낼름 내밀고 아장아장 걷는 아이가 너무 귀여웠다. 나는 언제부터 눈 맛보기를 멈췄을까. 아이를 보며 생각했다. 그렇게 눈 감고 의지할 손이 되어줄 테니 마음껏 조그만 혀를 내밀고 눈을 맛보는 아이가 되기를. 그렇게 오래오래 빛의 공간에서 뛰노는 사람이 되기를.

감사의 말

책을 쓰면서 많은 사람들에게 빚졌습니다. 이런 이야기를 쓸 수 있게 저의 젊은 날에 부지런히 책과 술을 권해주신 김성호 선생님, 다정한 스승이 되어주신 Bernie와 Marion에게 우선 인사 전하고 싶습니다. 추천사 써주신 정여울 작가님께도 수줍고 행복한 얼굴로 깊은 감사를 드립니다. 이 책은 작년에 본격적으로 썼지만 사실 5년 전쯤 제가 개인적으로 힘들었던 시기에 첫 챕터를 쓰기 시작했어요. 마음 따라 글도 거칠었던 그때부터 원고를 읽어주고 조언과 응원으로 숨 쉴 구멍을 주었던 소중한 친구 휘에게 특별히 고마움을 전합니다. 혜성처럼 나타나 이 책 작업을 하는 동안 행복한 배경음악이 되어주었던 뮤지션 인우에게도 마음 전하고 싶습니다. 초고 쓰고 있는데 추천사부터 쓰겠다고 조르던 만권 오빠, 귀한 글 줘서 고맙습니다. 이렇게 오빠의 책에는 내 마음이, 내 책에는 오빠의 마음이 활자로 들어가는 걸 보는 게 참 기쁘네요. 책이 나올 때마다 엄청난 기세로 구입해서 지인들에게 뿌려주는 정환이도 항상 고맙습니다. 근데 거듭 말하지만 이건 지인들 입장도 들어봐야 합니다. 글 쓰는 환경이 편안하도록 말없이 신경 써준 린호에게도 마음 깊이 고맙습니다. 글 쓰는 내내 사랑으로 방해하고 사랑으로 북돋아준 지음이, 이음이에게도 엄마의 말랑한 사랑을 전해요. 맛있게 먹으라고 수많은 책을 안겨주시는 김혜정 님께도 감사의 인사 전합니다. 덕분에 뇌가 항상 배부릅니다. 이윤주 편집자님, 같이 작업할 수 있어서 설레고 기뻤습니다. 작업 내내 든든했고, 행복해서, 웃겨서, 많이 웃었습니다. 책을 세상에 선보일 수 있게 도와주신 한겨레출판 식구들께도 진심으로 감사한 마음입니다. 늘 우쭈쭈를 아끼지 않는 사랑하는 지인들과, 글이 연재되는 동안 읽어주셨던 소중한 독자님들이 계셔서 즐겁게 작업할 수 있었습니다. 고맙습니다.

다정한 철학자의 미술관 이용법

ⓒ 이진민, 2021

초판 1쇄 발행 2021년 9월 9일
초판 4쇄 발행 2023년 5월 22일

지은이   이진민
펴낸이   이상훈
편집1팀   김진주 이연재
마케팅   김한성 조재성 박신영 김효진 김애린 오민정

펴낸곳   ㈜한겨레엔 www.hanibook.co.kr
등록   2006년 1월 4일 제313-2006-00003호
주소   서울시 마포구 창전로 70 (신수동) 화수목빌딩 5층
전화   02) 6383-1602~3   팩스 02) 6383-1610
대표메일   book@hanien.co.kr

ISBN   979-11-6040-645-0 03100

이 도서는 한국출판문화산업진흥원의 '2021년 우수출판콘텐츠 제작 지원' 사업 선정작입니다.